全国革命老区县发展史丛书·广东卷

# 惠州市惠阳区革命老区发展史

惠州市惠阳区革命老区发展史编委会　编

SPM 南方出版传媒 广东人民出版社

·广州·

**图书在版编目（CIP）数据**

惠州市惠阳区革命老区发展史 / 惠州市惠阳区革命老区发展史编委会编. —广州：广东人民出版社，2021.5
（全国革命老区县发展史丛书 · 广东卷）
ISBN 978-7-218-14750-5

Ⅰ. ①惠…　Ⅱ. ①惠…　Ⅲ. ①惠阳区—地方史　Ⅳ. ①K296.54

中国版本图书馆CIP数据核字（2020）第249268号

HUIZHOU SHI HUIYANG QU GEMING LAOQU FAZHANSHI
**惠州市惠阳区革命老区发展史**

惠州市惠阳区革命老区发展史编委会　编



**出 版 人：** 肖风华

**责任编辑：** 梁　晖
**装帧设计：** 张力平 等
**责任技编：** 吴彦斌

**出版发行：** 广东人民出版社
**地　　址：** 广州市海珠区新港西路204号2号楼（邮政编码：510300）
**电　　话：**（020）85716809（总编室）
**传　　真：**（020）85716872
**网　　址：** http: //www. gdpph. com
**印　　刷：** 广州市浩诚印刷有限公司
**排　　版：** 广州市友间文化传播有限公司
**开　　本：** 715mm × 995mm　1/16
**印　　张：** 13.125　**插　　页：** 6　**字　数：** 200千
**版　　次：** 2021年5月第1版
**印　　次：** 2021年5月第1次印刷
**定　　价：** 52.00元

如发现印装质量问题，影响阅读，请与出版社（020-85716849）联系调换。
售书热线：（020）85716826

# 广东省编纂《革命老区县发展史》丛书
# 指导小组

组　长：陈开枝（广东省老区建设促进会会长）

副组长：林华景（广东省老区建设促进会常务副会长）

宋宗约（广东省农业农村厅二级巡视员、广东省老区建设促进会副会长）

刘文炎（广东省老区建设促进会副会长）

郑木胜（广东省老区建设促进会副会长）

姚泽源（广东省老区建设促进会副会长兼秘书长）

谭世勋（广东省老区建设促进会副会长）

廖纪坤（广东省农业农村厅总经济师）

**办公室**

主　任：姚泽源（兼）

副主任：韦　浩（广东省农业农村厅扶贫协作与老区建设处处长）

柯绍华（广东省老区建设促进会副秘书长）

伍依丽（广东省老区建设促进会副秘书长）

# 惠州市编纂《革命老区县发展史》丛书
# 指导小组

组　长：王开洲（市委常委）

副组长：陈恩强（惠州市老促会会长）

　　　　李文忠（惠州市老促会副会长）

　　　　朱毅凡（惠州市委组织部副部长、老干部局局长）

成　员：季广龙（惠州市老促会副会长）

　　　　聂炳兴（惠州市老促会副会长）

　　　　钟旺兴（惠州市老促会副会长）

　　　　刘育青（惠城区老促会会长）

　　　　王寿铨（惠阳区老促会会长）

　　　　李江雁（惠东县老促会会长）

　　　　郑继生（博罗县老促会副会长）

　　　　王庆元（龙门县老促会会长）

　　　　黄裕章（仲恺区老促会会长）

## 《惠州市惠阳区革命老区发展史》编纂委员会

名誉主任：翟伟锋
主　　任：谭星海
副 主 任：徐巧玲　叶茂庭　谭少听　陶伟军　涂文子
顾　　问：王寿铨
执行主任：叶茂庭（兼）
成　　员：温益军　曾洁涛　胡冠文　吕惠林　黄少华
　　　　　曾伟荣　陈燕雄　黄远雄　黄　涛　刘山鹰
主　　编：潘新友
编　　辑：邓仲庭　官素霞　李海龙

## 《惠州市惠阳区革命老区发展史》审定委员会人员名单

主　　任：王寿铨
副 主 任：叶茂庭　冯德波
委　　员：温益军　胡冠文　邓海林
　　　　　黄远雄　黄　涛　刘山鹰
　　　　　黄小文　王伟明　潘新友

在举国欢庆新中国成立 70 周年前夕，中国老区建设促进会王健会长请我为《全国革命老区县发展史》丛书作序，作为一名在老区战斗过并得到老区人民生死相助的老兵，回首往事，心潮澎湃，感慨万千，深感义不容辞，欣然应允。

中国革命老区，是以毛泽东为代表的中国共产党人在领导人民推翻帝国主义、封建主义和官僚资本主义三座大山，争取民族独立和人民解放伟大斗争中建立的革命根据地，在这片红色的土地上，诞生了无数可歌可泣的革命英雄儿女，为后人树起了一座不朽的丰碑，她是新中国的摇篮，是党和军队的根。

在艰苦卓绝的战争年代，老区人民把自己的命运与中华民族的命运紧紧地联系在一起，与中国共产党和人民军队的命运紧紧地联系在一起，他们生死相依，患难与共。我曾亲历过战争年代，并得到过老区红哥红嫂的救助，切身感受到发生在身边的一幕幕撼天动地的革命故事，在那极其艰难的条件下，老区人民倾其所有、破家支前，不怕艰难困苦，不怕流血牺牲。“最后一碗米送去做军粮，最后一尺布送去做军装，最后一件老棉袄盖在担架上，最后一个亲骨肉送去上战场”，这是当时伟大的老区人民为建立新中国做出巨大牺牲的真实写照，它将永远镌刻在中国共产党、中国人民解放军、中华人民共和国的历史丰碑上。他们的光辉业绩永载史册，他们的革命精神必将影响一代又一代的革命新人，造就一代又一代的民族脊梁。

在社会主义革命和建设时期，革命老区和老区人民响应党的号召，面对落后的面貌、脆弱的经济、恶劣的生态环境，他们本色不变，精神不丢，自力更生，艰苦奋斗，干一行爱一行。始终坚持“革命理想高于天”，自觉做共产主义远大理想的坚定信仰者和忠实实践者，勇于向恶劣的自然环境和贫穷落后宣战，他们在各条战线上为国建功立业，用平凡的双手创造了一个又一个不平凡的奇迹，彰显了老区人的崇高精神和人格力量。

在改革开放的伟大进程中，老区人民解放思想，勇于创新，发奋图强，攻坚克难，老区的经济社会建设取得了辉煌成就。特别是在改变中国的面貌、中华民族的面貌、中国人民的面貌、中国共产党的面貌的伟大实践中发挥了至关重要的作用。老区人民既是改革开放的参与者，也是改革开放的推动者。

艰苦练意志，危难见精神。老区人民在近百年的革命战争、社会主义建设和改革开放的伟大实践中，孕育形成了伟大的老区精神：爱党信党、坚定不移的理想信念；舍生忘死、无私奉献的博大胸怀；不屈不挠、敢于胜利的英雄气概；自强不息、艰苦奋斗的顽强斗志；求真务实、开拓创新的科学态度；鱼水情深、生死相依的光荣传统。这是党和人民宝贵的精神财富、丰厚的政治资源，是凝心聚力、振奋民族精神的重要法宝，也是社会主义核心价值观的重要内容。

中国老区建设促进会怀着强烈的政治责任感和历史使命感，组织全国各地老促会人员克服困难，尽心竭力编纂《全国革命老区县发展史》丛书，记录老区的光辉历史和辉煌成就，传承红色基因，弘扬老区精神，是功在当代、利及千秋的一件大事。手捧这部丛书的部分书稿，读着书中的故事，倍感亲切，深感这部丛书具有资政、育人、存史的社会功能，有着重要的时代和历史价值。它是不忘初心、牢记使命的源头活水，是赞颂共产党、讴歌老区人民的一部精品力作，是弘扬老区精神、传承红色记忆的丰厚载体，是一项继承优秀传统文化、弘扬革命文化、发展社会主义先进文化，坚定“四个自信”的宏大文化工程。它必将成为一种文化品牌，为各界人士了解老区宣传老区支持老区提供一部有价值的研究史料。希望读者朋友们能从中了解并牢记这些为党和民族的利益不断奉献的老区人民，从中得到教益，汲取人生奋斗的精神动力。

新时代赋予新使命，新起点开启新征程。让我们更加紧密地团结在以习近平同志为核心的党中央周围，坚持以习近平新时代中国特色社会主义思想为指导，增强“四个意识”，坚定“四个自信”，做到“两个维护”，弘扬老区精神，铭记苦难辉煌。为实现“两个一百年”奋斗目标，实现中华民族伟大复兴的中国梦作出新的更大的贡献！

迟浩田

2019 年 4 月 11 日

# 编写说明

2017年6月，中国老区建设促进会组织全国各地老促会启动编纂《全国革命老区县发展史》丛书，按照“建立中国共产党、成立中华人民共和国、推进改革开放和中国特色社会主义事业”三大里程碑的历史脉络，系统书写革命老区百年历史，深入挖掘革命老区红色文化资源，这对于充实丰富中国革命史籍宝库、在新时代传承红色基因、弘扬革命精神、强固根本，对于激励人们在新的历史条件下夺取中国特色社会主义伟大胜利，实现中华民族伟大复兴的中国梦具有重要意义。

丛书编纂以习近平新时代中国特色社会主义思想为指导，以《中国共产党历史》《中国共产党的九十年》等重要文献为基本依据，以党的领导为核心，以老区人民为主体，以老区发展为主线，体现历史进程特征，突出时代发展特色，坚持辩证唯物主义和历史唯物主义相统一、历史真实性与内容可读性相统一的原则，书写革命老区从站起来、富起来到强起来的光辉革命史、不懈奋斗史、辉煌成就史，把老区人民的伟大贡献、伟大创造、伟大成就、伟大精神充分展示出来，形成一部具有厚重历史特征和鲜明时代特色的精品力作。这是一部培根铸魂、守正创新，既为历史立言，又为时代服务，字里行间流淌着红色血脉、催生着革命激情的传世之作。丛书的编纂出版将成为讴歌党讴歌人民讴歌时代、传播红色文化、为革命老区和老区人民树碑立传的重要载体。

丛书按照编年体与纪事本末体相结合、以编年体为主的编写体例确定框架结构；运用时经事纬、点面结合的方式记述史实；坚持人事结合、以事带人的原则处理人与事的关系；采取夹叙夹议、叙论结合以叙为主的方法展开内容。做到了史料与史论、历史与现实、政治与学术统一，文献性、学术性、知识性相兼容。

为编纂好《全国革命老区县发展史》丛书，打造红色文化品牌，中国老区建设促进会认真组织积极协调，提出政治立场鲜明、史料真实准确、思想论述深刻、历史维度厚重、时代特色突出、编写体例规范、篇目布局合理、审读把关严格、出版制作精良的编纂出版总要求，力求达到革命史籍精品的精神高度、思想深度、知识广度、语言力度，增强丛书的权威性和社会影响力。各省（区、市）、市（州、盟）、县（市、区、旗）老促会的同志，以强烈的使命感、责任感和紧迫感，勇于担当，积极作为，认真实施，组织由老促会成员、专家学者等参加的十余万人编纂队伍。编纂工作主体责任在县，省、市组织协调、有力指导、审读把关。各方面人员以高度负责的精神和科学严谨的态度，满腔热情地投入工作，为丛书编纂出版做出了重要贡献。丛书编纂工作还得到了党和国家有关部委、地方各级党委政府及有关部门的大力支持和积极参与，社会各界也给予了热情帮助。中共中央政治局原委员、中央军委原副主席、原国务委员兼国防部长迟浩田上将，对老区人民怀有深厚感情，对革命老区建设发展十分关注，欣然为《全国革命老区县发展史》丛书作总序。

丛书由总册和1599部分册（每个革命老区县编纂1部分册）组成，共1600册。鉴于丛书所记述的史实内容多、时间跨度长和编纂时间紧，不妥之处，敬请批评指正。

中国老区建设促进会

# ● 革命史迹 ●

惠宝人民抗日游击总队成立旧址

惠阳县苏维埃政府成立旧址

路东行政委员会旧址——惠新楼

香港大营救中转站东湖旅店

犁头大旗

惠阳县农民协会会员章

叶挺将军纪念园一景

著名侨领叶亚来故居成了旅游新景点

惠阳东江华侨回乡服务团旧址

# ● 革命前辈 ●

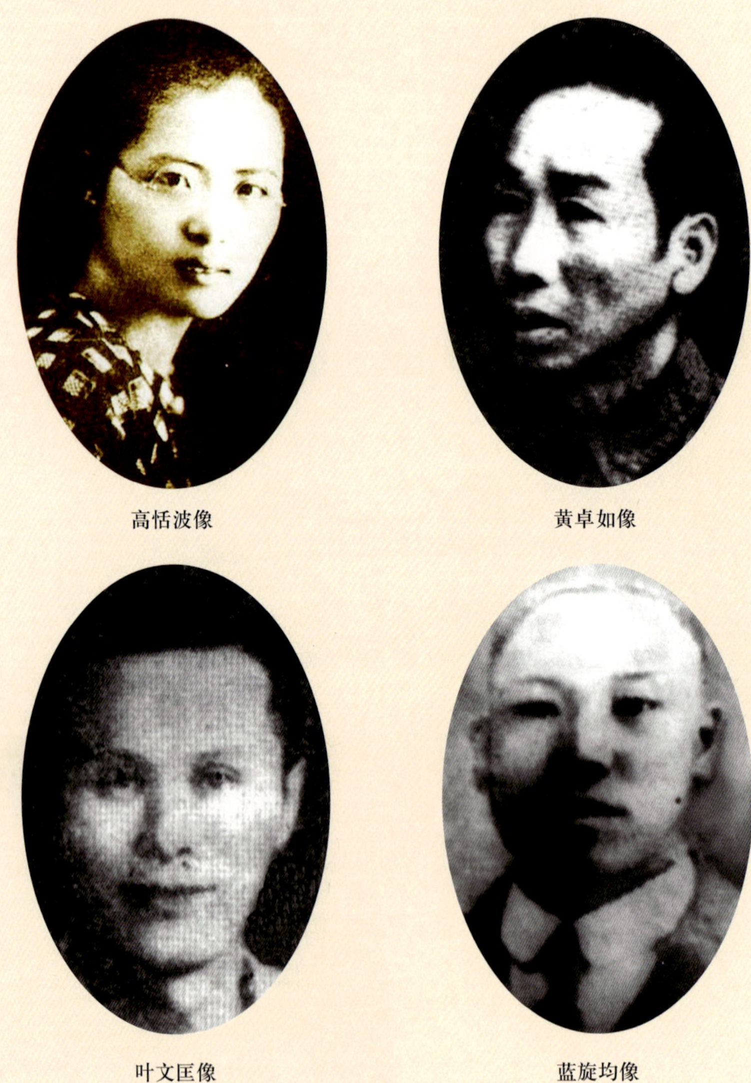

高恬波像

黄卓如像

叶文匡像

蓝旋均像

# ● 老区新貌 ●

惠阳淡水街道全貌

华灯初上的淡澳河

淡水河畔美丽家园

扩建后的惠州机场

厦深高铁经过惠州南站

惠阳夜景

大亚湾炼油厂炼油装置（之一）

大亚湾炼油厂炼油装置（之二）

澳头港夜景

良井矮光村喷灌农场

全民健身绿道骑行活动

惠州港一景

阳光村农业机械化农场

青少年缅怀革命先烈

四季绿公司的农产品车间

镇隆荔枝大丰收

陂头小公园一景

东明村整洁的村道

百姓欢乐舞台

最美夕阳红文艺晚会

目录
contents


**前　言** / 001

**第一章　区域和革命老区概况** / 001

第一节　惠阳概况 / 002

一、惠阳区 / 002

二、惠阳区革命老区镇（村）情况 / 003

第二节　大亚湾经济技术开发区概况 / 005

一、大亚湾经济技术开发区 / 005

二、大亚湾经济技术开发区革命老区镇（村）情况 / 005

**第二章　大革命时期** / 007

第一节　热血青年传火种　星星之火势燎原 / 008

第二节　农会的建立和发展 / 011

第三节　创建党组织　掀起农运潮 / 012

一、党组织的创建 / 012

二、犁头大旗迎风展　四大半围战鼓擂 / 013

三、东征开新宇　鼓舞众工农 / 015
四、建立农民协会　掀起农运热潮 / 017
第四节　建立群众组织　壮大革命队伍 / 019
一、发展党的外围组织 / 019
二、右派逆流在涌动　波谲云诡藏杀机 / 020
三、四一二反革命政变　革命斗争形势逆转 / 022

**第三章　土地革命战争时期** / 025
第一节　恢复武装斗争　重建地方组织 / 026
一、组织讨蒋武装起义 / 026
二、组建讨逆军 / 027
三、建立团组织　开展各项活动 / 029
第二节　年关暴动势如虹　民主政权显威风 / 031
一、发动年关暴动 / 031
二、建立惠阳县委　广泛开展工农运动 / 033
三、发动士兵运动　英雄鲜血染山河 / 034
四、建立惠阳县苏维埃政府 / 036
五、苏维埃区域的陷落和损失 / 037
第三节　“左”倾路线危害深　革命形势渐入低潮 / 040
一、中共海陆惠紫特别委员会的建立 / 040
二、开辟乡村游击区 / 042

**第四章　同仇敌忾　抵御日军** / 047
第一节　恢复党组织　拯救我中华 / 048

一、抗日救亡运动的兴起 / 048
二、建立大同共耕社支部 / 049
三、组建香港惠阳青年会回乡救亡工作团 / 050
第二节　众志成城　打响阻击战 / 052
一、建立乡村民众自卫武装 / 052
二、抗击登陆大亚湾日军 / 053
第三节　开展游击战　黄花分外香 / 056
一、惠宝工委和惠宝人民抗日游击总队成立 / 056
二、建立东江第一个抗日民主政权 / 057
三、东江华侨回乡服务团成立 / 060
四、前东特委成立与上下坪会议的召开 / 062
五、广东人民抗日游击总队惠阳大队的成立及敌后游击战争的开展 / 062
第四节　编织情报网　策应大营救 / 064
一、建立交通站、情报网、接待站 / 064
二、香港秘密大营救中发挥重要作用 / 065
第五节　拓展根据地　齐心斗顽敌 / 070
一、军民联合反击国民党顽固派 / 070
二、角莫垅全歼日军抢粮队 / 072
第六节　建立民主政权　巩固根据地 / 073
一、东江纵队主持召开国事座谈会 / 073
二、路东参议会召开与路东行政委员会成立 / 074
三、根据地的经济和文化建设 / 075
四、抗日战争的最后胜利 / 078

**第五章　漫道雄关真如铁　历尽艰辛迎解放** / 081

第一节　逆境中崛起　坚持自卫斗争 / 082

一、东江纵队主力北撤后的隐蔽斗争 / 082

二、金沙布战斗 / 084

三、重建武装开展敌后游击战 / 084

第二节　恢复武装斗争　解放惠阳全境 / 087

一、中国人民解放军江南支队及第二团医院的建立 / 087

二、开展春季攻势　建立战略基地 / 088

三、策反工作的开展 / 090

四、配合南下部队解放惠阳全境 / 092

**第六章　边城迎日出　万众庆翻身** / 097

第一节　彩笔绘蓝图　建设新惠阳 / 098

一、 抚平战争创伤　探索发展道路 / 098

二、改革开放30年　成就瞩目信心增 / 100

三、直挂云帆济沧海　长空万里会有时 / 105

四、继承传统接好班　整理行装再出发 / 108

第二节　化茧成蝶大亚湾　日新月异石化城 / 110

一、蹒跚起步　探索发展 / 110

二、构建增长极　打造新引擎 / 111

三、蓝图展示添干劲　高歌阔步向未来 / 114

**附　录** / 117

附录一　革命纪念遗址 / 118

附录二　纪念设施 / 134

附录三　革命英烈 / 145

附录四　革命历史文献 / 150

一、蒋介石、廖仲恺发布攻打淡水城的命令 / 150

二、《革命军之禁令》 / 151

三、《告东征军将士文》 / 151

四、苏维埃政府决议和文告 / 151

附录五　红色歌谣、歌曲 / 152

附录六　大事记 / 154

**后　记** / 188

惠阳历史悠久，东晋时属欣乐县、西平县地，南朝宋时分属安怀、怀安县地，隋开皇九年（589年）后称归善县；1912年后，归善与惠州合并为惠阳县。中华人民共和国成立后，惠阳县几经行政沿革的演变与区域的调整重组，2003年，惠阳撤市设区，现辖淡水、秋长、三和3个街道和沙田、新圩、镇隆、永湖、良井、平潭6个镇。

在新民主主义革命时期，中国共产党各级地方组织在惠阳发动和带领人民群众，掀起了一次又一次的革命浪潮，为民族独立和人民解放，进行长期的、艰苦卓绝的斗争，走过了艰难曲折的道路，经受了挫折、失败的磨难和考验，谱写出绚丽多彩的历史篇章。

惠阳地方党组织在中国共产党的领导下，在周恩来、恽代英、廖承志等共产党人的直接组织指挥下，带领惠阳人民在长期艰苦卓绝的革命斗争中经受了锻炼和考验，谱写出永远闪耀光辉的历史篇章。惠阳人民虽然在漫长的革命征程中历经危难，但坚强的惠阳人民百折不挠、前仆后继、浴血关山、奋斗不息，始终高举革命旗帜勇往直前，直至走向胜利的坦途。在新民主主义革命征程中，为革命斗争而牺牲的共产党员和革命者成千上万，其中有叶挺、高恬波、郑怀昌、李国英、叶文匡、叶锡康、叶辅平、黄星南、黄伯梅、黄世梅、胡展光、钟仕开、黄闻、黄坚、陈可永、赖章、刘锦进、谭家驹、肖华奎、丘平、丘耀等共产党人。他们的鲜血染红了中华大地，他们的鲜血染红了胜利的旗帜，他们的丰功伟绩流芳百世，他们的革命精神永远激励人们奋勇前进！

《惠州市惠阳区革命老区发展史》是无数革命先辈的汗水、鲜血和生命凝成的，是惠阳人民革命斗争和艰苦奋斗的历史征程的概括和总结。革命先辈为了民族独立和人民幸福不惜抛头颅、洒热血的英勇献身精神和无私无畏的奋斗精神永远是震撼灵魂、催人奋进的强大力量。全书以中国共产党在惠阳区的组织建立、发展、壮大及其活动为主线记述，力求做到客观、真实、准确；但由于编者的能力和水平有限，不尽如人意之处在所难免。愿此书能对读者了解惠阳区革命和建设历程有所帮助，从中受到启迪和教益，把历史牢记于心，把红色基因传承下去，接好革命的班，干好建设的事。这就是编撰者的愿望！

编　者

# 1

# 第一章

## 区域和革命老区概况

## 第一节 惠阳概况

### 一、惠阳区

惠阳区地处珠江三角洲东部，毗邻香港，东邻惠东县，西靠深圳、东莞，南临大亚湾，北接惠城区，是“深莞惠1小时经济圈”的枢纽中心。辖区面积915.6平方千米，常住人口约60万人。2019年，惠阳全区实现地区生产总值622.89亿元，同比增长6.8%；一般公共预算收入55亿元，增长6.5%。

**历史沿革** 惠阳历史悠久，东晋时属欣乐县、西平县地，南朝宋时分属安怀、怀安县地，隋开皇九年（589年）后称归善县；1912年后，归善与惠州合并为惠阳县；1949年，分为惠阳、惠东两县。中华人民共和国成立后，惠阳、惠东合并为惠阳县；1958年4月，划出惠州市（县级）和惠东县。1990年11月，划出澳头、霞涌两镇及淡水镇西面一部分区域组建大亚湾工业区，即今大亚湾经济技术开发区（简称大亚湾区）；1994年5月，惠阳撤县设市（县级）。2003年6月，撤市设区，现辖淡水、秋长、三和3个街道和沙田、新圩、镇隆、永湖、良井、平潭6个镇。

**土地资源** 全区总面积1380360.6亩，耕地209334.9亩。全区基本农田保护区面积183123.1亩。

**水利资源** 惠阳区水资源丰富，全区水资源总量为9.2亿立方米，其中地下水资源为1.1亿立方米，地表水资源量为8.1亿立方米。

**水产资源**　境内的大亚湾海岸线51.8千米，大小岛屿86个，海域面积488平方千米，滩涂面积1.4万亩。其中适宜养殖的浅海、滩涂5万亩。海洋中有多种鱼、虾、蟹、贝和藻类，主要有海螺、石斑、龙虾、膏蟹等500多种海产品。

**森林资源**　至2017年底，全区林业用地面积64.58万亩，其中省级生态公益林面积27.54万亩，市级生态公益林面积0.76万亩，林地绿化率为97.17%，森林覆盖率为48.23%，活立木总蓄积量为146.06万立方米。

**矿产资源**　矿产资源分金属矿、非金属矿和沙石粘土矿三大类，已探明矿床、矿点、矿化点53处。

**旅游资源**　惠阳区有山、海、江、湖、海岛、温泉及名胜古迹等旅游资源。区内有镇隆优质荔枝、沙田桔塱茶、良井鲜嫩三黄鸡和淡水酥丸等特产。

## 二、惠阳区革命老区镇（村）情况

惠阳区有革命老区镇（街道）7个，分别为淡水街道、秋长街道、三和街道、新圩镇、镇隆镇、沙田镇、永湖镇，占全区77.8%；老区面积约894448.2亩，占全区的65%；有革命老区村的村委会69个，革命老区村庄523个。

惠阳区有革命老区村的村委会69个分别如下：

淡水街道6个：洋纳、新桥、土湖、桥背、东华、古屋。

秋长街道9个：维布、新塘、周田、岭湖、白石、茶园、官山、双田、高岭。

三和街道5个：拾围、铁门扇、全坑、象岭、莲塘面。

新圩镇11个：新联、花果、红田、约场、长布、东风、蓝坑、新丰、产径、元洞、红卫。

镇隆镇12个：陂塘角、高田、井龙、大光、甘陂、长龙、山顶、楼下、皇后、黄洞、楼寨、塘角。

沙田镇5个：白花塘、鹤山、肖屋、金桔、田头。

永湖镇10个：麻溪、虎爪、老围下、彩一、彩二、大坑、凤咀、吊沥、乌坭埔、淡塘。

良井镇7个：秀峰、桥背、霞角、松元、时化、黄洞、矮光。

平潭镇4个：光明、房坑、金星、新圩。

## 第二节　大亚湾经济技术开发区概况

### 一、大亚湾经济技术开发区

大亚湾经济技术开发区地处广东省惠州市南部，毗邻深圳坪山区，距离香港47海里、深圳市中心约60千米、东莞市中心约120千米，是珠三角东岸地区唯一的石油化工基地。1991年6月，广东省委、省政府批准成立惠州市大亚湾规划区；1993年5月，经国务院批准设立惠州大亚湾（国家级）经济技术开发区。现辖澳头、西区、霞涌3个街道办事处，29个行政村、28个社区。陆地面积293平方千米，海域面积（含海岛）1319平方千米，海岸线63.1千米，常住人口23.83万人。2019年，实现地区生产总值724.5亿元，增长3.3%。

### 二、大亚湾经济技术开发区革命老区镇（村）情况

大亚湾区的革命老区村现有79个村小组，分布于3个街道办事处16个村（居）委会，革命老区人口约1.7万人，革命老区面积达170平方千米。

大亚湾区16个革命老区村分别如下：

澳头街道9个：岩前、南边灶、黄鱼涌、大涌、荃湾、小桂、妈庙、沙田、衙前。

西区街道6个：塘布、横畲、荷茶、新寮、塘尾、东联。

霞涌街道1个：霞涌。

# 第二章

## 大革命时期

## 第一节 热血青年传火种　星星之火势燎原

五四运动爆发后，给惠阳广大民众特别是青年学生以极大振奋和鼓舞。1919年5月10日，广州妇孺产科学校惠阳籍女学生高恬波，在广州东园举行的反帝爱国运动集会上发表演讲，并组织带领女同学参加示威游行，张贴标语，散发传单。5月30日，高恬波参加省学联发动的3万学生反帝示威大游行，遭反动军警殴打致伤。这非但没令她退缩，相反更加激发了她忧思国难的炽热之心。在广州广雅中学读书的惠阳籍学生叶文臣，不畏军警镇压，参加数千学生群众向省议会请愿和东园广场集会游行。在广州求学的惠阳籍学生参加反帝爱国运动的消息传到惠阳后，从县城到各区乡学生奋起响应，纷纷罢课、示威游行，积极投入这一轰轰烈烈的反帝爱国运动。惠州省立第三中学学生紧急集会，罗克仁、罗志白、余子光等参加游行、宣讲，表示坚决响应和支持北京学生的反帝爱国行动，发动全城师生罢课、游行，整个惠州街头回响着“废除二十一条”“打倒列强”“誓杀国贼”“还我青岛”的强烈呼声。

为声援惠阳城乡开展的反帝爱国运动，广东高等师范学校学生黄佩伦来到惠州串联发动省立第三中学、惠州女子师范学校等学校学生，组织惠州府、县两城[①]中小学联合开展反帝爱国运动。在广州警察学校毕业的黄卓如和在广州读书的张仲鸣、杨植棠等爱国青年也从广州赶回家乡镇隆开展反帝爱国运动，发动进步青年学生起来斗争。在黄佩伦的宣传发动下，府、县两城各校学生代表在省立第三中学集会。大会决议由省立第三中学、惠州女师联合两城各学校，成立惠阳县学生联合会，并发表惠阳县学生联合会宣言。会后，发动全县中小学罢课、集会演讲、示威游行，激励民众同仇敌忾，立即得到全县青年学生的热烈响应。淡水、秋长、新圩、镇隆、良井、永湖等地乡村学校纷纷罢课、集会、游行，散发传单，发表演讲，开展反帝爱国宣传和抵制日货活动。

6月，省立第三中学学生在黄寿昌等教师的支持下，深入永湖、白花、良井、平山等墟镇、农村，利用公演街头独幕剧《打倒卖国贼》和表演唱等形式向民众进行反帝、反封建宣传。

宣传队下乡巡回演出引起了强烈反响，白花墟商人练清波撰写了一副对联赠给宣传队："粉面油头，现身说法；晨钟暮鼓，唤醒世人。"学生下乡巡回演出时正值酷暑，附城宣传队李博济，农村宣传队何寿仁、陈肇嗣3位同学不幸中暑身亡。李博济等3位同学不顾个人安危及惠阳各地中小学生的爱国行动深深感动了惠阳人民，有力推动了五四运动在惠阳的深入发展。

由于学生的爱国行动得到各界民众的同情和支持，一个以学生联合会为主体的抵制日货运动在惠州府、县两城开展起来。惠阳县劝学所（今称教育局）所长李望山庇护奸商，将学生缴获的

---

① 旧时惠州（今属惠城区）区域曾经是惠州府驻地，老百姓俗称其为"府城"，现在叫做桥西；老百姓俗称在惠州东面的惠阳县衙驻地为"县城"，现在叫做桥东。故有惠州府、县两城一说。

大批日货盗运入府城孔庙学宫县劝学所内，为学生所探悉。学生联合会联合店员工人和市民群众，组成 100 多人的队伍冲入孔庙学宫，搜出日货，集中在第一公园（今中山公园）当众烧毁。为彻底肃清日货，府、县两城的学生清查仇货小组对城内各大小商店、水陆码头、交通运输通道进行日货检查，发现日货即销毁。

淡水镇古柏桐、朱吉堂、邓毓芳、郑亚鉴、潘鼎铭等经常学习各种革命书刊，接受马克思主义的启迪和教育。1920 年，黄卓如等人带着谭平山、谭植棠、陈公博创办的《广东群报》和《广东中华新报》等介绍俄国十月革命和马克思主义的报刊回到家乡，在镇隆四大半围的新村开办平民夜校。接着，岗头、高田、陂塘角又办起平民夜校。1921年12月，罗俊、黄卓如等进入广州高第街素波巷广东宣讲员养成所学习马克思主义，在学习期间加入中国共产党，成为惠阳县最早的中国共产党党员。随后，罗克仁、黄佩勋、林浩池、罗志白、余子光、罗汉珊、温毓明、张仲鸣、杨维青、杨植棠、朱卫鉴、吴晋波等一批青年也先后加入了中国共产党。

## 第二节 农会的建立和发展

声势浩大的海丰、高潭农民运动使长期遭受沉重封建剥削和黑暗统治的惠阳农民看到了光明和希望。秋长牛郎径等村的农民纷纷要求成立农会小组，并秘密筹集路费，派叶光班等人到海丰学习农民运动。1923年初，鹧鸪岭村的叶梅青以及周田村的叶辅平（叶全）等人，秘密组织农会小组。在他们串联带领下，鹧鸪岭、牛郎楼、莲塘面、铁门扇、山塘尾、黄竹沥、茶园、双田、滩头、周田等村纷纷成立农会小组，并扩大为村农会。农会建立伊始，各村农会组织三五人至十几人不等的农民武装，很快组织起一支近百人的农民武装队伍。

为了扩大农会的影响，进一步推动农民运动的发展，海丰总农会决定，1923年5月1日举行大规模的纪念活动，并邀请陆丰、惠阳的农会代表参加。罗克仁、罗志白等参加海丰"五一"纪念活动回来后，与张仲鸣、黄自强、何聪、何友逖等在镇隆、淡水、新圩、水口、横沥、平潭、梁化（现属惠东县）等地乡村也纷纷组织农会。为了便于指挥和统一行动，遂由彭湃提议在海丰总农会的基础上成立惠州农民联合会，海丰、陆丰、惠阳各县设立分会。7月，惠州农民联合会扩大为广东省农民联合会，选举彭湃为执行委员长。彭湃起草了《广东农会章程》。此时，广东省农会有海丰、陆丰、惠阳、紫金、惠来、普宁等6个县的农会团体会员，共计2.68万户13.4万人，其中惠阳县4300户21500人。

## 第三节 创建党组织　掀起农运潮

### 一、党组织的创建

1924年春，中共广州地委派留学日本毕业后在广州搞工运的共产党员叶文匡回到家乡惠阳秋长，领导当地农民运动，发展党组织。叶文匡充分利用秋长沙坑挺秀书院（象山学校前身）地理位置偏僻和师生爱国的有利条件，以思想倾向共产党的国民党秋长区分部书记叶香谷在社会上的地位作掩护，组织领导秋长农运，挑选精干农民组成农民自卫军，积极发展入党对象。是年夏，在挺秀书院和农会骨干中发展叶锡康、叶梅青、叶春仁、叶祥彤等人加入中国共产党，并在挺秀书院成立党小组，叶文匡任小组长。从此，挺秀书院成为党组织开展工作的基地。是年冬，又吸收叶辉、叶志英、叶瑞仁、叶亚七、叶德武等10多个农会骨干入党。

1925年4月，在党小组基础上成立了中共惠阳第一个支部——中共秋溪支部，叶文匡任书记。为适应斗争发展的需要，挺秀书院改为象山书院，广东区委又派党员和进步教师前来任教，象山书院进一步成为惠阳党组织活动的基地。为了团结更多的教师、学生和乡村进步青年，建立党的外围组织，叶文匡以象山书院为基地向外拓宽活动范围，派共产党员叶锡康、叶佩青等发起成立沙周青年鼎新会、读书会。接着又由叶文华等发起成立沙周青年会。

1925年，广州革命政府两次东征期间，广东区委派遣罗俊、黄卓如、罗克仁、罗志白、黄佩勋、余子光等人组成政治工作先遣队来到镇隆开展宣传工作，领导农民运动，组织农会和农民自卫军配合东征军作战，组织向导、担架队、运输队，为第一次东征首战淡水告捷和第二次东征攻克惠州做了大量的工作。东征的胜利推动惠阳乃至东江地区农会迅猛发展壮大，党员队伍不断充实，党组织迅速发展壮大。1925年10月，镇隆四大半围支部成立，罗克仁担任书记，党员有罗克仁、余子光、罗汉珊、罗志白、温毓明、张仲鸣、杨维青、杨植棠、朱卫鉴等9人。

1926年春，以秋溪支部为基础，建立了象山特别支部，书记叶文匪，下设2个支部，共有党员30多人，隶属广东区委领导。象山特别支部成立后，惠阳各地党的组织不断生根发芽，发展壮大。4月，四大半围支部发展为高田支部、岗头支部、沙堆支部3个党支部。

## 二、犁头大旗迎风展　四大半围战鼓擂

镇隆四大半围是惠阳较早开展农民运动的地区之一。四大半围位于惠州市南面镇隆的马鞍山山麓，它由同和乡的高田、新村、岗头、陂塘角四条围村和朱屋瑛村几户农家所组成，占地5.8平方千米，共有300多户1200多人，故称“四大半围”。在大革命时期属于惠阳县第九区（潼湖区，又称鸭子埗区），也是惠州八属（即惠阳、博罗、河源、紫金、龙川、连平、和平、新丰）农民运动的中心。

1924年4月，共产党员和进步青年黄卓如、罗俊、罗克仁、余子光、罗志白、黄佩勋、林浩池、张仲鸣、黄自强、何聪、何友逖等在惠阳各地深入宣传发动农民运动。黄卓如首先在镇隆四大半围的高田村建立青年农民俱乐部，组织农民夜校，教唱《工

农大联盟》《工农团结》《打倒地主土豪》《青少年先锋队》和《农民叫苦歌》等歌曲，演出话剧，讲故事，以及组织农民学习文化，激发劳苦农民的反抗意识，先后在高田、新村、岗头、陂塘角、沙堆等村建立乡村农民协会。随后，建立潼湖区农民协会，由罗克仁担任会长。5月1日，广东省第一次农民代表大会在广州召开，罗克仁代表潼湖区参加了这次大会，并在农讲所学习期间，加入了中国共产党，被委任为广东省农民协会特派员。1925年1月，镇隆又选派农运骨干罗志白、余子光、黄佩勋、林浩池等人参加广州第三届农民运动讲习所学习，其间加入中国共产党。这批农运骨干分子回到镇隆后，发动农民并在潼湖等地建立83个村农会。这一时期，正值东征军讨伐陈炯明反叛势力，平定东江之时。农会组织派出骨干侦探敌军部署和防御工事，向东征前锋部队提供情报；组织后勤队供应茶水、粮食和柴草，组织担架队救护伤员、安排慰劳和后方供给，积极配合东征军作战。

1925年3月，由黄超凡、李国英、黄克、郑怀胜等人主持在淡水望尧岗成立惠阳县第二区（淡水区）农民协会，戴云昭被选为农会会长。大会号召成立农民自卫军，实行减租退押，反对高利贷，取消苛捐杂税，推翻地主阶级统治。各乡农会以夜校为阵地，不断对农民进行宣传教育，同时教唱《工农兵联合起来向前进》《打倒列强》《打倒军阀陈炯明》等革命歌曲，并创办《青年杂志》，刊登《海陆丰及东江农民运动状况》《中国农民问题》《农民教育》等文章。为了彻底铲除封建迷信思想，戴云昭带领农会会员在淡水镇摧毁神像，张贴宣传标语，把神庙改办为平民学校；同时掀起反对苛捐杂税，反抗反动商会控制市场和反对封建剥削、取缔高利贷、限制借债利息等斗争。

## 三、东征开新宇 鼓舞众工农

1924年，军阀陈炯明乘孙中山北上病重之机，自封“救粤军总司令”，以7个军约6万多兵力集结于惠州、河源、兴宁一线，图谋进取广州。

为了奠定北伐基础，国共两党达成讨伐陈炯明、统一广东、建立和巩固国民革命根据地的共识。1925年2月，广州革命政府举行讨伐陈炯明的第一次东征。

为了配合东征军作战，在出征前，广东区委派遣中共党员黄卓如、罗俊、罗克仁、黄佩勋、李国英、叶文匡、何友逖、冯卓然、罗志白等组成政治工作先遣队，回到惠阳镇隆、淡水、秋长、平山等地开展工农运动，组织农民武装，以策应东征军。

2月1日，东征军右路军自广州沿广九线向石龙进攻，势如破竹，陈炯明部节节败退。13日，东征军在镇隆、新圩农民的支援下，在新圩击溃了敌第五军熊略部的阻击，14日进抵惠阳重镇淡水城郊。

此时，叶文匡和叶锡康、叶梅青、叶辅平等人积极发动秋溪乡的周田、莲塘面、鹧鸪岭等村农会三四百名农军和农会会员，组成向导、担架队、运输队等支援东征军。淡水望尧岗农会在黄超凡的宣传发动下，会员扩大到上百人，在戴云昭组织下，派出农会骨干戴云芳、戴日华、戴日宗等侦察敌情，向东征军前锋部队提供情报。农会并组织后勤队伍给驻扎在望尧岗的东征军部队烧水做饭，还组织担架队和运输队支援前线。

15日拂晓，黄埔军校教导团的官兵，在周恩来和苏联顾问的指挥下，在粤军张民达、叶剑英师和第七旅的配合下，奋勇队（敢死队）奋不顾身，冒着猛烈的炮火攻城。东征军激战一个半小时后攻入城中，并连续三次击退敌人的反扑，首战大捷，占领了淡水城。

东征军占领淡水后，周恩来和苏联顾问等分别在淡水商会和望尧岗召开军民联欢会，向工农兵学商各界群众宣传东征的重大意义。周恩来在联欢会上发表讲话，指出，此次东征，是为人民解除痛苦而来，是为人民幸福而来，人民应与革命军联合起来，如同兄弟一样互相亲爱、互相提携，通力合作，以促进革命成功。[②]

1925年3月底，潮梅地区为东征军占领。盘踞惠州城的杨坤如部获悉后，军心浮动，其部属骆凤翔旅宣告起义，给杨坤如以沉重打击。杨坤如见大势已去，只好弃城逃走。于是，惠州地区为东征军所占领。

6月初，驻粤滇军杨希闵和桂军刘震寰部，乘孙中山病逝和东征军忙于讨陈的时机，加紧与北洋军阀政府和英帝国主义势力勾结，在广州发动武装叛乱，图谋推翻广州革命政府，割据广东。为了平息叛乱，保卫广州革命政府，东征军的主力被调回广州。东征军回师广州后，败退闽南的陈炯明军队重新占领潮、梅、惠三属各地，并企图向广州进攻。

平定杨、刘叛乱后，为推进国民革命，7月1日，广州革命政府（大元帅府）改组为中华民国国民政府。8月，国民政府将所辖各军统一编为国民革命军。为了彻底消灭陈炯明的反动势力，统一广东，国民政府决定举行第二次东征，任命蒋介石为东征军总指挥，周恩来为总政治部主任，罗加觉夫、切列潘诺夫等人为军事顾问。

惠州城墙高厚，东北门和西门依东江，西门外又有西湖，构成天然屏障，素称天险。故民谣言：“铁链锁孤舟，浮鹅水面游，任凭天下乱，此地永无忧。”陈炯明叛军利用惠州天险，负

② 《中国共产党东江地方史》（第一卷），广东人民出版社2001年版，第40页。

隅顽抗。经过无数次的“步炮协攻”，东征军终于攻占惠州城。

11月底，东征军在粤闽边全歼陈炯明部。至此，东征军彻底肃清陈炯明在东江地区的叛军，胜利结束第二次东征。

## 四、建立农民协会　掀起农运热潮

1925年2月，第一次东征后，在东征军政治部的共产党员、共青团员的推动、协助下，惠阳农会组织得到恢复和发展，全县建立20多个乡农会，会员2000人；第二次东征以后，惠阳的农民运动迅速发展，由1925年10月中旬至11月中旬，乡农会发展到76个，会员近4000人。中共广东区委对惠阳农民运动的发展十分重视，10月19日，派区委委员、农委书记阮啸仙到惠州指导筹备组织惠阳县农民协会，并由东征军政治部拨款千元作为筹备经费。

1925年11月16日，惠阳县第一次农民代表大会在惠州府城第一公园召开。到会代表123人，代表5个区（淡水区、高潭区、白花区、平山区、潼湖区）76个乡农会3813名农会会员。参加大会的有中华全国总工会代表曾国钧、广东省农民协会代表阮啸仙、国民党中央农民部代表何友逖等50多名团体代表和群众共3000多人。大会宣告惠阳县农民协会正式成立，并发表惠阳县农民协会成立宣言。会后，为庆祝农民协会诞生举行数千人游行和宣传活动。潼湖区镇隆四大半围农会会员、农民自卫军300多人参加大游行，区农会旗手刘保高举农会犁头大红旗走在队伍最前面，高田村黄瑞麟“麒麟”队、刘才“双凤拳”武术表演队在庆祝游行活动中，表演武术，同时散发各种革命传单。

为了进一步巩固农民协会组织，实行统一领导，1926年1月12日，广东省农民协会惠州办事处成立，以朱祺为主任，卢克文为秘书。

1926年夏，为了贯彻惠阳县农民协会第二次代表大会决议案，进一步推动农民运动的发展，潼湖区农民协会抓住农民运动迅速发展之机，结合农民的切身利益，改善农民政治、经济地位，开展减租减息、取缔高利贷、废除苛捐杂税等保护农民利益，谋求经济发展的重要工作。

1926年夏，镇隆农军在马鞍山下练兵场举行农民自卫军武装检阅大会，参加的农民自卫军1000多人，农民群众4000多人。

会后，在罗俊、黄卓如等率领下，农民自卫军由马鞍山经田心围、阿婆岭、凤凰岗、果老围、布尾、井龙、陂塘角、松山下、大山下到镇隆墟，进行长达30华里的武装示威游行。农会把广大农民发动起来投入减租减息斗争，使地主土豪劣绅十分恐慌。有些中小地主迫于农会的威慑，不敢向农民收租追债。第二天，镇隆的井龙、沥林的泮沥两地农民又集中在廖岗岭召开大会，罗克仁、余子光、黄卓如等出席大会。罗克仁在会上发表讲话。为了深入宣传群众，组织农民实行减租减息，罗克仁在会上还演唱自编的山歌，歌词曰："六月割禾正当午，点点汗滴入田土；几多辛苦为别人，打下粮食无米煮。田主收租太过分，连我谷种都量走；番薯没有谷又完，明年唔知怎落种。农友快快来人（入）会，捏成拳头团结紧，减租减息不还债，组织起来斗豪绅。"这一生动的宣传教育方式，激发了农民的斗争情绪。此后，广大农民群众对不法地主豪绅展开了激烈的斗争。大山下地主叶承源、叶鲤麻、叶德祥等对抗农民减租，串联新圩、鸭子埗、企岭洞等6个乡地主80多人联名向广东省政府和惠阳县公署控告区农会和区联防办事处。此时，潼湖区农村联防办事处农军指挥黄卓如受到县公署国民党右派的通缉，但慑于农民运动的威力，反动派不敢到镇隆四大半围搜捕。

惠阳各级基层党组织领导农民协会团结农民投入减租减息斗争，不断取得胜利，广大农民的革命觉悟不断提高，从而更加坚定了革命的意志，在惠阳乃至整个东江地区革命史上谱写了光辉的一页。

# 第四节　建立群众组织　壮大革命队伍

## 一、发展党的外围组织

1925年10月26日，在因省港大罢工回乡的工人罗汉珊和中共党员肖鹏魂、朱祺的启发帮助下，惠州理发工人组织建立了惠阳第一个理发工会，选举罗汉珊、董绍辉、张志纯、张木英等5人为执行委员，有会员122人。同年11月16日惠阳县农民协会成立，在农民协会的影响和推动下，各行各业工会纷纷成立。阮啸仙记述当时惠州的情况时写道："自农会开幕及举行大游行示威后，惠城空气转换。此地虽是手工业工人，亦自动的纷纷起来，要求我们帮助组织工会。"

为继续推动工人运动的开展，1926年1月1日，中华全国总工会在惠州设立办事处，以肖鹏魂为主任，领导惠州直属工会及惠属8县的总工会。

1926年3月12日，中华全国总工会惠州办事处组织各界群众1万多人集会，成立惠州各界人民援助省港大罢工委员会，并致电广州省港罢工委员会，声援省港大罢工的斗争。大会发动惠州各界人民募捐，筹集资金援助罢工行动。4月2日，肖鹏魂携带捐款300元（白银），亲自送到广州省港罢工委员会。同时，惠州各界群众在孙中山先生逝世一周年纪念日举行游艺大会，将所得门票款，全数捐助省港大罢工工人。淡水各界在声援五卅惨案和省港大罢工时，组织工人、农民、青年、妇女、学生等近千人游行示威，高呼“打倒列强”“反对英帝国主义的屠杀政策”“废除不平等条约”等口号，要求政府收回沙面租界。许多商店及群众自觉抵制和封存洋货。惠阳县沿海各区的农民自卫军和工人纠察队，在援助省港大罢工委员会指挥下封锁了港口，抵制英国货。淡水、澳头、霞涌等地规定，内地的粮食土产杂货不准运往香港，也不准煤油、布匹等英国货入口，停止钱庄买卖港币，违者惩处。

5月18日，惠州革履工人一致向资方要求加薪及减少工时，资方闻讯召开秘密会议对付，但工人团结斗争获得胜利。革履工人的斗争，揭开了惠阳工人运动的序幕。6月1日，惠州工人代表大会在惠州象岭巷湖园召开，工会及各界社团的代表共400余人（其中有工会20个，代表65人）参加。

在中共地方组织的发动下，妇女运动也逐步开展起来。1925年5月10日，广东妇女解放协会成立。根据中共广东区委的指示，邓颖超、谭竹山、冯光明等以国民党广东特派员身份来到东江进行活动，推动和帮助东江各县成立妇女解放协会分会，开展妇女工作，壮大队伍，培养干部，发挥妇女组织的作用。

## 二、右派逆流在涌动　波谲云诡藏杀机

1925年8月20日，军阀、官僚及国民党右派势力勾结英帝国主义者收买刺客，杀害了国民党左派领袖廖仲恺，公开发出分裂革命统一战线的危险信号，革命形势急转直下。惠阳县农民协会在惠州举行了有各界人士2000多人参加的沉痛哀悼大会，号召工农群众继承廖仲恺的遗志，积极参加国民革命运动，将反帝反封建斗争进行到底。

1926年6月，国民革命军第十八师师长胡谦兼任惠州警备司

令。以胡谦为首的国民党右派开始公开反对工农革命运动，收买地痞流氓黄淑兰，成立“黄色工会”，与惠州工会唱对台戏，借以打击共产党的力量。惠州地委领导工农群众与胡谦进行了坚决的斗争。胡谦公然支持当地的反动分子破坏工会。每当惠州各行业工会集会，胡谦就组织地痞流氓冲击会场，殴打工会人员。惠州工会办事处不得不采取紧急措施，组织工人纠察队保护会场。在地痞流氓组织的一次闹事中，工人纠察队将为首分子黄淑兰抓获并押送到法院。但没几天，黄淑兰又被胡谦保释出来。胡谦为了控制惠阳县，在国民党惠阳县党部改选时，阴谋操纵选举，将其同乡心腹安插在惠阳县当县长，企图以内部圈定代替民主选举。惠州地委团结国民党左派人士与胡谦展开针锋相对的斗争，极力推荐罗俊为惠阳县县长。当胡谦获悉罗俊从广州乘船赴惠州任职时，派人在都市巷口行刺罗俊，未遂。民众对此行径极为愤慨，强烈要求侦缉凶手。而胡谦以侦查未果为由拖延，致使凶手逍遥法外。

1926年6月，大地主叶佩兰勾结地方势力黄淑兰、邓彦华在大山下组织反动油业工会破坏农民运动，并与新圩、鸭子埗、企岭等地的地主黄孚东、张立廷结盟，组织民团、土匪，以炮楼为据点，依仗胡谦的支持，对抗减租减息，以暴力强迫农民纳租，强占大帽围村农民的土地，指使其爪牙和民团夜间抢割大帽围村农民的稻谷。井龙地主吴两德更为嚣张，不但抗拒减租减息，甚至对四大半围的佃户加租逼债，反攻倒算，并散布反动谣言，恶毒污蔑、攻击农会；同时捕杀农运干部，烧毁区农会委员、共产党员温毓明家的房屋、果园，劫持其幼儿为人质，导致温毓明的四位家人被迫害致死。

斗争形势的逆转，给农民运动带来越来越多的不利因素。惠阳县县长陈贞瑞公开破坏、攻击农民运动。他以“农会造反”“农会干涉行政”“干涉司法”作为他公开反对农民运动的借口。惠阳县农民协会集会庆祝北伐胜利，被陈贞瑞污蔑为造反，派遣民团进行镇压。陈贞瑞破坏农民运动并不是孤立的，他得到国民党右派的有力支持。正是由于国民党右派的敌视、破坏，1926年6月以后，惠阳县农民运动严重受挫。

## 三、四一二反革命政变　革命斗争形势逆转

1927年4月12日，以蒋介石为首的国民党右派在上海发动反对国民党左派和共产党的武装政变，大肆屠杀共产党员、国民党左派及革命群众，革命斗争形势急剧逆转。

象山特别支部从4月14日的香港报纸上获悉上海大屠杀的消息后，组织党、团员和革命群众1000多人，在淡水铁门扇南盘石召开声讨蒋介石叛变革命、屠杀共产党人和革命群众的罪行大会，遭到国民党反动派军警包围、捕杀，秋溪乡党、团员和革命群众四五人遭杀害，特别支部书记叶文匡负伤。叶文匡因暴露了身份而被通缉。接着，国民党军警又在淡水城包围、查封淡水青年新社、望尧岗农民协会和淡水区农民协会，逮捕杀害青年运动领导人、共产党员潘鼎铭、张重耳和8名农会会员。

4月16日，为了对付国民党反动派的突然袭击，特派员蓝璇坤根据广东区委的紧急指示，在惠州城都市巷惠阳县农民协会召开惠阳县各区农协特派员和党团支部负责人会议，商讨反击国民党反动派大屠杀的对策。此时，惠州警备司令胡谦在全城实行“特别戒严”，并派其副官处长赖俊华率领大批军警，包围惠阳县农民协会和惠州工人代表大会执委会办事处，惠州地委书记李国英及潼湖、淡水、平山、多祝等区农协特派员及工会干部罗克仁、余子光、何聪、罗汉珊等17人被捕。与此同时，国民党反动军警对惠州新学生社、惠州总工会、惠阳县妇女解放协会等组织进行

搜捕，随即查封惠阳县农民协会和惠州工代会执委会办事机构，封锁水陆交通，日夜戒严，白色恐怖笼罩着惠州城和惠阳各地。

“四一六”事件当天，潼湖区党组织和农会得悉蓝璇坤等被困在惠州城，以及区农协特派员罗克仁、余子光等领导人被捕的消息后，决定派人进城营救。4月18日夜，潼湖区农村联防办事处农军指挥黄卓如率领四大半围的高田、新村、岗头、陂塘角等村精干农军30多人化装进入惠州城郊，由于军警加强戒严，劫狱计划未能实施，农军只将隐蔽在惠州城天元茶楼下工人寝室的蓝璇坤营救出来，安全转移到镇隆四大半围。当夜，蓝璇坤在四大半围召开农代会，会上揭露蒋介石背叛革命，屠杀工农，摧残革命的罪行，号召党团员和农协会员拿起武器，保卫革命胜利果实。与会者群情激愤，立即组织了一支以党团员为骨干的30余人的敢死队。这支敢死队在共产党员温毓明、黄卓群和罗松兴率领下，于19日晚上再次进入惠州城，营救被捕的共产党员和农会干部。因敌人防犯严密，敌众我寡，劫狱计划未能实施。

由于国民党反动派的疯狂镇压，惠阳的工农运动遭受严重破坏，一批共产党人和革命群众被捕牺牲，部分共产党人被迫转入地下或逃亡港澳和海外，工农运动陷入低潮。

# 第三章

## 土地革命战争时期

## 第一节 恢复武装斗争　重建地方组织

### 一、组织讨蒋武装起义

1927年4月下旬，按照广东区委先夺取东江和北江，进而恢复整个广东革命斗争的计划，为统一指挥东江地区的革命斗争，以彭湃、郭瘦真、杨石魂、林甦、张善铭、何友逖等7人为委员的东江特别委员会（简称“东江特委”）在海丰成立。东江特委决定于5月1日在海丰、陆丰、惠阳、紫金4个县同时举行武装起义。

4月26日，紫金县农军提前起义，攻占紫金城，取得武装起义的胜利。按照广东区委的指示和东江特委关于在惠阳平山暴动的部署，蓝漩坤与东江特委委员何友逖、杨石魂一起回到惠阳，立即在镇隆四大半围召开惠州地委紧急会议，决定由潼湖区农村联防办事处农军指挥黄卓如率领四大半围农军300多人联合何友逖、罗焕荣率领的平山、白花、多祝的农军300多人，于4月30日发动平山暴动。总指挥部设在百丘田，计划以里应外合的方式攻占平山。4月30日夜，黄卓如、何友逖、罗焕荣等率农军攻城。但因起义计划泄露，农军攻城受挫，第一次平山暴动失败。

5月1日凌晨，海丰、陆丰两县同时暴动，县、区农军统一行动，占领了海丰和陆丰县城。当天，海丰、陆丰县临时人民政府宣告成立。继紫金、海丰、陆丰三县武装起义后，饶平、梅县、潮阳、惠来、大埔、潮安等县也先后爆发工农武装起义。

东江地区波澜壮阔的讨蒋武装起义，使国民党广东当局极为震惊。国民党广东当局急忙从各地调集3个团的兵力，联合地方反动势力，两面夹击紫金和海陆丰。在强敌压境的情况下，紫金、海丰、陆丰农军先后退出县城，按照东江特委的指示陆续集中到陆丰县的新田。

为了支援海丰、陆丰、紫金等县的抗敌斗争，根据广东区委的指示，惠州地委决定再次在平山组织武装起义。地委书记蓝琁坤和黄卓如、温毓明等从镇隆四大半围赴平山青龙潭，会同何友逖、罗焕荣、卢克文及平山各乡农军负责人召开军事会议，部署第二次平山起义。因计划实施不尽如人意，平山第二次武装起义又告失败。

蒋介石叛变革命后，7月15日汪精卫也在武汉叛变革命，国共合作彻底破裂，以蒋介石为首的反革命集团公开宣布共产党为"非法"组织，图谋利用一切手段消灭共产党。面对这样严峻的形势，中国共产党于1927年8月1日发动和领导了南昌起义。8月7日，中共中央在汉口召开紧急会议（简称"八七会议"）。会议通过《中国共产党中央执行委员会告全党党员书》等重要文件，要求坚决纠正党在过去的错误，确定实行土地革命和武装起义的方针，号召全党和全国人民继续为革命而战斗。

## 二、组建讨逆军

8月下旬，惠紫河博地委建立后，将惠阳县农民自卫军改编成惠阳县工农讨逆军的一个团，团部设在四大半围高田村黄氏宗祠，由罗俊任团长，黄卓如任指挥。从此，惠阳县工农讨逆军在革命的烽火中诞生，并同时在镇隆岗头村建立枪械修理所（后称兵工厂），主要制作粉枪粉炮和尖刀武器，并对损坏和残旧的武器进行修补。

当南昌起义军开始南下时，东江地区各县纷纷举行武装起义，接应起义军进军广东。8月31日，潮阳、普宁两县农军相互策应，攻打潮阳、普宁县城。9月3日，兴宁县党组织也领导农军攻占兴宁县城。

张善铭、刘琴西、黄雍等按照广东省委的指示，分别在海丰、陆丰等地举行武装暴动。从10日至15日，惠阳、紫金两县农军协同海陆丰起义队伍分三路围攻海丰县城，城内的国民党军、保安队和民团抵挡不住革命军民的攻击，于16日晚趁夜逃遁，工农讨逆军于17日攻占海丰城。

海陆丰第二次武装起义成功后，分别成立了临时革命政府，并宣布由农民协会接管各区、乡政权，将镇压反革命、没收地主土地、没收反革命分子的财产、扩充工农武装等作为临时革命政府的主要任务。

1927年8月，东江革命委员会在黄羌成立。9月16日，国民党第十八师陈学顺团退回惠阳平山，又于25日卷土重来，伙同海陆丰保安大队进犯海丰、陆丰县城，起义队伍主动撤出海丰、陆丰县城，海丰、陆丰县委迁驻黄羌。

农军主动撤离海丰县城后，仍牢固控制着广大乡村。东江特委和海陆丰地委吸取第一次武装起义的教训，决定退守山区，在惠阳、海丰、陆丰三县结合部的高潭、中洞、公平、黄羌、新田、激石溪一带建立革命根据地，做长期斗争的准备。

海丰、陆丰、紫金、惠阳四县位于粤东南部的东江、韩江之间。在这块纵横百里的土地上，群山逶迤，沟壑纵横，道路崎岖，关隘险要。以中洞为中心，山势从边缘向中心合拢，其间以莲花山、银瓶山、吊崆山、黄竹嶂最为巍峨。惠东高潭的中洞，海丰的朝面山、埔仔洞、大安洞，陆丰的激石溪，紫金的炮子等千百个自然村分布其间。由于山高岭峻，谷深林密，道路崎岖，交通不便，加上礤头坳、大坳头、麻角嶂、杨梅水、岩石等险隘，形成进可攻、退可守的屯兵之地。自古以来，这里就流传"岩石乌坉，离天三尺，人须低头，马须脱鞍"的客家民谚。

在彭湃的领导下，海、陆、惠、紫四县农民运动风起云涌，不断掀起高潮。这块边区，党的组织建立较早，共产党员有4000余人，农会会员达30万之众，早在农会建立初期组织了农民自卫军，在蒋介石发动反革命政变后，就立即举行了声势浩大的讨蒋起义。在革命斗争不断取得胜利的鼓舞下，人民群众不断觉醒，拥护革命，热情投身革命斗争。这一边区优越的地理环境和坚固的群众基础，为后方根据地的形成和建立准备了条件。为接应南昌起义军，及时解决起义军的给养等问题，并为长期坚持斗争做准备，东江特委和东江革命委员会在退出县城、进入山区的同时，将起义时攻占海丰、陆丰县城后所没收的大量金银、货币、布匹、印刷机等物资以及粮食装船运往黄羌，再转运至高潭中洞。

### 三、建立团组织　开展各项活动

随着农民运动的发展，淡水青年新社古柏桐、丘琼等被选送参加广州农民运动讲习所学习，潘丽英、赖锦嫦被选送到广州参加由何香凝和邓颖超主持的妇女讲习所学习。结业后，古柏桐被委派为广东省农民协会特派员，先后到淡水、紫金、博罗指导农民运动，潘丽英、赖锦嫦分别被选为淡水妇女解放协会正、副会长。1925年10月21日，在肖鹏魂、何友逖等人的发动组织下，新学生社惠州分社（共产主义青年团外围组织）成立。新学生社惠州分社在惠州党、团组织的领导下，积极投身大革命运动，成为惠阳工人、农民、妇女运动的中坚力量。以朱祺为支部书记的惠州党、团组织，为了培养新学生社惠州分社这一支年轻的革命力量，十分重视新学生社惠州分社的发展壮大，并在这批先进青年中发展了林宝良、韩耀汪、赵伟强加入共青团。1925年冬，成立了惠州第一个团支部，书记由肖鹏魂兼任。1926年1月，共青团惠州地方执行委员会成立。

共青团惠州地委成立后，惠州的党、团组织分开，惠阳各地的团组织如雨后春笋般快速发展，全县建立团支部30多个，有团员300多人。在党、团组织领导下，惠阳县的广大青年勇敢地投身到工农大众的行列中，大批青年骨干担任了各地基层工会、农会、妇女会等组织的重要职务，促进了工农革命运动的发展。

1927年夏，共产党员叶奋生在象山简易乡村师范学校开展地下活动，发展共青团组织，首先吸收进步青年叶文华加入共青团。1928年夏叶文华加入共青团后，受组织的派遣，在暑假期间回到家乡淡水周田村开办夜校，宣传革命道理，培养发展一批共青团员。首先吸收叶吉祥、廖似光加入共青团，随后，又培养吸收叶庆荣、廖玉梅、廖佛如、廖荣生、叶真云、叶影芳、叶瑞梅、叶琴等二三十人加入共青团，并建立共青团周田支部，先后由叶文华、叶吉祥任书记。共青团周田支部以廖屋为据点，开办夜校识字班，组织农会，传播革命道理，同时建立秘密联络站，掩护、接待由香港进入内地的省委、特委和县委机关的领导人。其后，还建立地下交通站，由共青团员负责淡水区委与惠州地下党交通站的联系，传递护送党的情报和文件。共青团周田支部还配合党组织开展宣传工作，反对国民党军对红军、苏区的“围剿”，反对地主豪绅压迫剥削农民，发动群众抗租抗税。共青团员以淡水墟日和周田二圣宫为据点，利用淡水、沙坑庙会的机会，组织演讲，散发传单，举行集会，对国民党军队士兵进行策反宣传，同时开展土地革命，为建立苏维埃政权而斗争。为了配合苏区的反“围剿”斗争，共青团周田支部组织青年砍电线杆、剪电线、毁公路、烧桥梁，打击和骚扰敌人。

## 第二节　年关暴动势如虹　民主政权显威风

### 一、发动年关暴动

广州起义失败后，广东省委于1927年12月18日向东江特委及各县委发出指示，计划组织广州第二次暴动，同时强调“惠阳工作十分重要，必须在斗争中建立起党的基础”。

根据广东省委的指示，为了加强对武装暴动的领导，惠阳县委在镇隆成立惠阳县临时军事委员会，蓝璇坤任主席。1928年1月，广东省委派共青团广东省委书记黄居仁接任惠阳县委书记兼临时军事委员会主席，随后惠阳县委召开扩大会议决定加紧扩大各地的武装暴动，要求各区、乡党组织发动农民起来参加暴动，没收地主豪绅的财产，焚烧田契、租约、债券，为分配土地做好准备。

1928年1月，惠阳县各地掀起了轰轰烈烈的年关暴动（离农历新年时间近，史称“年关暴动”）。暴动首先在镇隆发起。按照惠阳县委会议决定，镇隆暴动由黄卓如、温毓明指挥。为防止敌人反击，区农会发动群众在镇隆四大半围的亚婆岭、荷树排、岗头、牛岭等处修筑战壕工事。1月20日，镇隆大山下反动地主叶承源勾结井龙地主吴两德的反动民团武装率先向四大半围根据地发动进攻。黄居仁、黄卓如率领四大半围农军奋起反击，温毓明、黄卓群两支突击队打退地主民团的数次进攻。为了扩大斗争声势，惠阳县委派李国英、何聪、戴云芳、叶锡康等分赴淡水、平山、秋长等地组织调集农军，配合镇隆四大半围农军攻打镇隆墟和大山下，反击地主民团的猖狂进攻。1月24日，淡水、秋长、平山等地农军200多人，分别由李国英、朱观喜等人带领，与镇隆四大半围农军会合，攻打大山下反动地主堡垒。地主叶承源勾结井龙、新圩、潼湖等13个区、乡的地主民团和国民党军叶百信连，依仗大山下坚固炮楼负隅顽抗。因农军缺乏攻坚武器，战斗一天两夜，仍无法攻克地主民团武装据守的炮楼。叶文匡在攻击战中身负重伤后牺牲。惠阳县委和临时军事委员会再次调集淡水土湖、望尧岗，秋长周田、莲塘面、黄竹沥，新圩大岭下，平潭三角湖和水口抱塘等地农军300多人，配合围困大山下。经3个多小时的激战，国民党军叶百信连被击退溃逃。叶承源见大势已去，化装逃脱，地主民团遭受重创。农军缴获武器、弹药一批，并没收土地财产分给贫苦农民。战斗中，四大半围农军战士黄四顺英勇牺牲。镇隆武装暴动的胜利，沉重地打击了地主豪绅的反动气焰，镇隆等地13个乡的地主闻风丧胆，纷纷潜逃。1月28日，广东省委巡视员黄钊向广东省委报告时称：惠阳“潼湖（镇隆）的广大农村成了贫苦农民的天下”。

在淡水、平山、潼湖等地暴动的同时，东江特委以红二师、红四师为主力，部署了紫金、陆丰的暴动，先后进行了紫金南岭、黄布和陆丰黄塘、欧田、上砂等几次较大的战斗。

暴动的枪声打响后一发不可收。1月下旬，惠阳各区、乡掀起暴动高潮，淡水、秋长、潼湖、镇隆、新圩、高潭等区、乡纷纷举行暴动，参加暴动的农民达数万人，没收地主豪绅稻谷4万余担，缴获枪械弹药一大批，镇压了一大批反动地主、恶霸分子，给反动封建势力以狠狠的打击。第二区（淡水、秋长）望尧岗、土湖、周田、莲塘面、滩头、象岭、沙岭等乡村农军，在赤卫队的支持配合下，近万人举行暴动，没收地主粮食和财物，焚烧田契、债约，攻打淡水巡警据点，处决反动分子，掀起土地革命高潮。

## 二、建立惠阳县委　广泛开展工农运动

自1927年8月惠紫河博地委建立后，一方面，发动工农暴动，另一方面，积极恢复和发展惠阳县各级党组织。11月，惠紫河博地委撤销，建立惠阳县委，同时建立以罗克仁为书记的潼湖区委。并先后建立了4个区委，共有29个支部，党员500人。

1928年6月，根据广东省委的指示，改组惠阳县委，由戴云芳任书记。从1928年初至夏秋间，随着东江各地武装暴动的再次兴起，惠阳县党组织有了进一步发展，党员人数也不断增加。至8月，全县建立9个区委，45个支部，其中惠州城、淡水镇建立特别支部，党员达860人。

12月初，广东省委决定将海陆惠紫临时特委改为海陆紫特委，惠阳县委由省委直接领导，但与海陆紫特委保持联系。

为加强对惠州职工运动和士兵运动工作的领导，惠阳县委于1929年2月成立惠州两城工作委员会，由冯文晃任书记。随后，又派惠阳县委常委钟战群进入惠州，接替冯文晃。同时选派党员、团员多人进入惠州，以各种职业为掩护，秘密开展群众工作。此时，唐奎领导惠州民国日报社的印务工人，对克扣工人伙食费的厂方进行斗争，提出不清算伙食账目则立即举行罢工。通过斗争，报社社长不得不撤换工头，并答应工人清算伙食账目的要求。这一斗争的胜利，提高了工人的斗争积极性。此后，惠州两城工委积极开展工作，工会的活动逐步向海员、建筑、汽车运输等行业发展。

东江夏收暴动后，由于“左”倾盲动错误影响，各级党组织

在暴动中受到很大损失，党员人数大量减少。至1929年3月，惠阳县党员仅剩220人。

3月底，“蒋桂战争”爆发后，驻守海丰、陆丰、惠阳、紫金各县的国民党军队大部分外调参加军阀混战，海陆紫地区的革命斗争又日渐活跃起来。4月，广东省委改组惠阳县委，钟燕林任书记。

## 三、发动士兵运动　英雄鲜血染山河

为了加强对惠阳各地暴动工作的领导，1928年2月底，广东省委先后派中共中央委员、广东省委常委恽代英，省委常委杨石魂，省委委员李海涛等从香港到惠阳组织暴动工作。恽代英等首先秘密进入惠州城，与惠阳县委地下党员董肇辉取得联系后，随即转到镇隆四大半围动员、组织武装暴动。恽代英化名张镜尧，在黄卓如、饶计、黄志平的配合下，深入各乡村，发动群众，积聚革命力量，展开武装暴动的准备工作。

3月初，根据广东省委的指示，恽代英主持召开惠阳县委党团联席会议。会议传达广东省委的指示精神，并就如何组织、动员群众参加武装暴动等问题进行认真的讨论。会议决定除首先在第二区（淡水、秋长）、第七区（横沥）组织暴动外，必须马上扩大暴动范围，迅速在第三区（多祝）、第四区（白花）、第六区（平山）、第八区（龙岗）、第九区（鸭子埗）组织力量进行暴动。

3月下旬，随着东江特委、红二师、红四师后方根据地中洞及朝面山的失守，海陆惠紫苏区已全面陷落，东江特委、红二师、红四师转战惠来、普宁一带。国民党军配合地主民团疯狂实行大屠杀，海陆惠紫苏区，特别是海陆丰苏区笼罩在白色恐怖之中。

1930年5月，根据广东省委的指示，惠阳县委成立士兵暴动委员会，由县委书记陈允才、组织部长叶青（刘高）分任正、副主任。为了实现“以惠州为中心的整个东江地方暴动”，促进惠州士兵运动工作的开展，惠阳县委将县委、团委机关迁进惠州府城金带街万石坊，并派叶青及妇女主任陈仪、共青团县委书记朱快鸣、共产党员叶奋生等一起进入惠州，策动国民党士兵运动。同时派共青团员廖似光、叶影芳、叶玉清进入惠州，以惠州织布厂工人身份为掩护，配合士兵运动和情报工作的开展。联络点设在进步青年叶基、叶雯开办的惠州水东街实业公司。

与此同时，县委还派刘克礼和黄世梅进入惠州，加强惠州的士兵运动工作。黄世梅带着家眷来到惠州，在环城西路38号建立秘密联络站。黄世梅以做豆腐、酿酒等小生意为掩护，其家属杨氏则以洗衣工身份为掩护，每天到元妙观国民党军营侦察、收集情报。刘克礼则化名叶松，经有关人士介绍，打入驻惠州的国民党军教导团任庶务长，秘密开展士兵运动策反工作。为了进一步加强惠州士兵运动工作，海陆惠紫特委书记陈舜仪派遣共产党员、黄世梅之弟黄开从海丰黄羌潜回惠州。这时，驻惠州的国民党警备司令林振雄部有1000多人，刘克礼、黄世梅等经过几个月的秘密策反和教育工作，已经将教导团的2个连队贫苦出身的官兵争取过来，随时准备起义，接受共产党的领导，投身工农革命队伍行列。就在即将举行士兵运动起义的关键时刻，教导团的一个排长李汉光叛变，向林振雄告密。8月14日，林振雄派兵包围惠州环城西路38号惠阳县委秘密联络站，刘克礼、黄世梅不幸被捕。联络站被破坏后，惠阳县委迅速采取措施，让有关人员撤离惠州。刘克礼、黄世梅被捕后，虽受酷刑，但坚贞不屈，保持了共产党人的崇高气节。10月7日，刘克礼、黄世梅被杀害于惠州五眼桥附近的河滩上。

同年冬，淡水女青年蔡素蓉、叶玉莲、叶阿梅，按照共青团淡水区委的指示，潜入淡水城内，散发传单，策动士兵运动，发动工人、市民参加抗捐、抗税、抗拉夫的斗争，有力地协助了惠阳党组织点燃淡水地区土地革命的火种，震惊了国民党淡水当局。敌人疯狂发动大搜捕，蔡素蓉三人在开展工作过程中不幸被捕。在狱中，三人受尽酷刑和凌辱，但她们人小志高，表现了对革命的赤胆忠心，坚决不暴露党团领导人和地下交通情报联络点的一丝线索。国民党淡水反共头子饶汉杰于1931年2月20日率领一队荷枪实弹的刽子手，押着被打得遍体鳞伤、面容憔悴的三位女青年游街示众。三人虽然步履艰难，但从容坚定、正气凛然，一路上高呼："打倒国民党反动派""打倒杀人王饶汉杰""苏维埃一定成功"沿途的群众为三人坚强的革命精神感动得呜咽哭泣。三人在淡水城外的晒布岭上就义后，饶汉杰下令陈尸三天示众，不准亲属收殓。后来人们把三人称为淡水"三女杰"。

## 四、建立惠阳县苏维埃政府

1927年11月11日，高潭区苏维埃政府成立后，高潭区妇女会、工会、商会、学联会等群众团体也相继恢复和发展。各乡相继建立乡苏维埃政权和联乡办事处，领导农民焚烧地主的田契，没收土地和浮财，开展破除封建迷信、禁烟禁赌等活动，同时还镇压了一批反革命分子。1928年1月间，多祝区委召开多祝区工农兵代表大会，成立多祝区苏维埃政府。此时惠阳县工农运动在全县各地普遍发动起来，继高潭、多祝两区苏维埃政府成立后，其他各地区也在酝酿组织建立苏维埃政府，红色政权迅速地遍布整个惠阳。

根据广东省委的指示，惠阳县各区、乡农民协会陆续改组成苏维埃政府，选举产生有工人代表参加的区、乡苏维埃政府。

1928年2月2日，中共惠阳县委在镇隆四大半围高田村召开县委常委会议，决定继续举行武装暴动，部署组织赤卫队训练、扩大土地革命、建立工农兵政权等各项任务。2月21日，惠阳县委再次召开常委扩大会议，确定召开惠阳县工农兵代表大会，建立工农兵苏维埃政权。会议提出了惠阳县苏维埃政府组成人员名单，确定了4月份暴动计划。22日，惠阳县委以惠阳县农民协会的名义发表《为举行农民暴动告农民书》，号召各乡农民起来暴动，夺取政权，建立苏维埃政府。

1928年2月26日，惠阳县工农兵代表大会在镇隆四大半围岗头村杨氏宗祠召开，出席大会的工农兵代表共310人。黄居仁主持大会，并发表演说。大会选举产生惠阳县苏维埃政府组成人员，罗汉珊为主席。苏维埃政府下设军事、土地、财政、宣传、教育、妇女等委员会和秘书处，办公地址设在镇隆四大半围岗头村杨氏宗祠。26日晚，潼湖区各界群众在四大半围举行庆祝惠阳县苏维埃政府和潼湖区苏维埃政府成立活动，各界群众数百人高举火炬游行，庆祝工农兵政权的诞生。

### 五、苏维埃区域的陷落和损失

第三次平山起义由于时间仓促、力量不足而宣告流产，随后国民党军联合地主武装对工农革命进行镇压。1929年4月10日，恽代英、黄居仁通过打入镇隆地主武装联防办事处的地下党员，获悉国民党军配合地主武装的“进剿”计划。当晚，黄居仁立即决定主动撤退，组织农民群众疏散转移到山地隐蔽，实行“坚壁清野”。11日晨，国民党第七军黄旭初师2个团分兵进犯淡水、潼湖、镇隆等地，其中2个营700余人分三路“围剿”镇隆四大半围根据地。为避敌锋芒，林道文率领农民赤卫队转移到深山密林，坚持游击战。国民党军进入四大半围后，大肆搜捕共产党人和苏维埃政府成员、赤卫队员，纵火焚烧民房，高田、石岗、黄潭埔、朱屋瑛、陂塘角等村民房几乎全部被焚毁，群众财物被洗劫一空，99户127人被迫逃亡。

4月18日，驻惠州的国民党第四军第十三师（师长徐景棠）纠集地主民团“围剿”镇隆新村、高田苏区。此时，惠阳县委机关转移到淡水望尧岗、上下土湖和矮岭仔等地，留在镇隆四大半围的李国英、林道文、叶锡康等人已分散隐蔽，转入地下活动。国民党军进入苏区后，在地主民团的配合下，进行拉网式的大搜捕，苏维埃政府工作人员、共产党员家属和革命群众黄金记、张娇、罗桂芳、罗友、黄福、罗麟、李月、罗贱、罗家和、黄全、饶水宝、陈息娇、陈玉英等人被捕。此后，国民党先后8次“围剿”镇隆四大半围，烧杀掳掠，人民群众备受摧残。

苏维埃区域陷落之后，国民党军除反复“清剿”之外，对红军和农民赤卫队活动的区域采取“焦土”政策，进行“清乡”。“清乡”的做法是：一、凡是红色乡村的房屋乃至厕坑一律焚毁，一次烧不完，则继续，直至全部烧毁为止；二、凡是红色乡村的农民，不论男女老幼，一律拘捕，或杀头枪决；三、凡是红色乡村中农民的耕牛、农具，一概取走毁灭，田地农作物，可收割的则收割，未成熟不能收割的，则放马牛践踏，如数毁损；四、凡是红色乡村区域的山岭，都放火焚烧；五、在城镇中严密检查农民，限制农民购买粮食，使红色乡村的农民自己没有农产品，又无法购买农产品。高潭苏区遭受的摧毁尤为惨烈，全区所有红色乡村都几乎片瓦无存。敌军驻扎中洞竟达月余之久。杨梅水、万福各乡也常有敌军、民团的踪迹。高潭纵横十里几乎不见人踪，到处一片萧条凄凉的惨状。幸免于难的农民在山上搭建的草寮也时遭焚毁，只得住在山上空石灰窑和石洞中避难。许多农民被迫离乡背井，远走他乡或前往海外谋生。经过敌军多次烧杀的红色乡村区域，土地无人耕种，村庄断壁残垣，野草丛生，白骨随处可见。

## 第三节 “左”倾路线危害深　革命形势渐入低潮

### 一、中共海陆惠紫特别委员会的建立

为尽快扑灭工农运动，消灭红色政权，国民党当局开始对海陆惠紫的红色区域进行大规模的“围剿”和“清剿”。国民党军队图谋以残暴的烧、杀、抢的手段，摧毁苏维埃区域的革命力量。党的组织、苏维埃政府和革命群众组织虽然依然存在，但由于极为艰险的斗争环境和条件，已经无法在城镇和平原地区立足，党组织及苏维埃政府被迫转入山区坚持斗争，革命斗争已经明显进入低潮时期。但是由于受“左”倾路线影响，广东省委对困难因素估计不足，仍然决定组织全省的“夏收暴动”。

为了统一组织和指挥东江各地的“夏收暴动”，广东省委对东江地区的党组织进行了重大调整，决定东江特委和潮梅特委合并，成立新的东江特委。与此同时还决定，在东江特委之下，成立海（丰）陆（丰）惠（阳）紫（金）四县暴动委员会，由杨望任书记。

1928年9月，广东省委委员、东江特委委员、海陆惠紫四县暴动委员会书记杨望在伏击地方反动武装时，不幸牺牲。杨望牺牲后，各县中断了与东江特委的联系。10月，四县暴委举行第二次代表会议，决定成立海（丰）陆（丰）惠（阳）紫（金）临时特别委员会，以便统一领导、指挥四县的党务、政治及军事斗

争。海陆惠紫临时特委直属省委指挥，并与东江特委保持联系。省委同时指示海陆惠紫临时特委，按照中共六大精神重新估量暴动政策，强调应以城市和重要乡村的工作为第一位，加强革命宣传，健全工农组织，整顿党的组织，坚持斗争，迎接革命新高潮的到来。

1929年1月上旬，海陆紫党代表大会在海丰与惠阳交界的黄山峒峯钟村召开。会后不久，敌人对海陆惠紫根据地进行更加疯狂的“围剿”。特委机关被迫搬到深山石洞里。3月，连深山都无法立足，只好转移到惠阳县多祝、平山、稔山、白芒花等地的深山密林中坚持斗争。1928年12月，广东省委决定将海陆惠紫临时特委改为海陆紫特委。

1929年3月底，海陆紫特委抓住军阀混战的有利时机，积极恢复和发展党的组织，扩大革命武装力量，开展游击战争，加强和重建苏维埃政权，开辟海陆惠紫革命根据地。5月下旬，广东省委指示，将海陆紫特委扩大为海陆惠紫特委，特委机关迁往惠州；暂时停止惠阳县委工作，由特委直接指挥。

10月初，海陆惠紫特委在海丰县的朝面山组建红军第六军第十七师第四十九团。除红军第四十九团之外，海陆惠紫各县还有赤卫队组织。赤卫队分为调动队和预备队。海丰县调动队有10个中队，陆丰县有3个中队，惠阳、紫金县各有1个中队，共有600多人。

此时，由于两广军阀战争爆发，海陆惠紫地区国民党兵力空虚，朱德率领红四军进入东江。12月底，在红军和各地赤卫队的共同奋斗下，海丰、陆丰两县苏维埃政府及高潭区苏维埃政府恢复，惠阳、紫金两县革命委员会相继建立。到1929年底，海陆惠紫特委领导下的基层党组织，有3个县委，12个区委、2个特别支部、341个支部，党员3389人。

5月下旬，根据省委的指示，召开惠州十属工农兵代表大会，成立东江苏维埃惠州十属特别委员会，使以惠州为中心的暴动计划有了统一的指挥机构。至此，海陆惠紫特委领导下的苏维埃区域，逐步向博罗、河源等地发展，革命根据地进一步扩大，辖区纵横200余里，人口20万，党员达5000余人。

从1930年开始，在李立三“左”倾冒险错误的影响下，惠阳县委执行海陆惠紫特委的指示，组织秋长党员、共青团员和赤卫队员100多人，不顾国民党军的层层封锁，长途跋涉，参加红军第四十九团在海陆丰组织的武装暴动。因暴动多为冒险的攻坚战，红军和赤卫队损失惨重，惠阳秋长赤卫队员在不断的战斗中牺牲、失踪者达数十人之多。1930年8月，惠阳县行动委员会成立后，还组织飞行集会，白天派党员、团员进入淡水城内散发传单，进行街头演讲，张贴标语，致使地方党组织和革命分子暴露。行动最为活跃的望尧岗、矮岭仔、滩头、牛郎楼等乡村，引起国民党军注意。驻淡水的国民党军饶汉杰部，多次派兵“围剿”，使革命力量遭受打击，人民群众遭受迫害。

## 二、开辟乡村游击区

1930年9月24日，中国共产党召开六届三中全会，结束了作为“立三路线”主要特征的那些错误。六届三中全会通过的决议指出，“党的组织军事化”的口号和成立各级行动委员会是错误的，应立即恢复党、共青团、工会的组织和日常工作。会议根据中共中央的决定，撤销东江行动委员会，恢复党、共青团、工会组织，撤销东江特委和海陆惠紫特委，成立以邓发为书记的中共闽粤赣特委。随后，根据东江地区党代表会议决定，撤销惠阳县行动委员会，恢复惠阳县委，陈允才任书记。

为了开辟惠紫河博游击区，红军第四十九团第一营第一连改编为惠阳县青年游击大队，下辖3个中队，后来全队发展到200多人。部队活动于惠阳西部的淡水、秋长、新圩、澳头和东部的梁化、稔山及海丰、紫金边境地区，先后打击多祝、淡水、秋长、新圩、潼湖等地民团，取得节节胜利。

1931年5月，为了便于东江苏区的统一领导，两广省委决定恢复东江特委。国民党军“围剿”广东苏区，在苏区采取“五步一哨，十步一岗”、移民并村、严密封锁等手段，广东苏区的党组织和苏维埃政府的活动受到很大的限制。此时，东江特委驻在大南山，对距离较远的惠阳县委和紫河特区不便指挥和领导，甚至连情报、消息的传递都十分困难。由于惠阳县党组织与东江特委交通中断，7月间成立惠州县委，仍以陈允才为书记。

1931年6—7月间，驻惠州的国民党军徐景棠部及驻淡水的饶汉杰部，分别进犯镇隆、高潭、淡水等地，将苏维埃区域划为“匪区”，强迫农民写“三家联保结”“五家连坐法”，扬言“宁可错杀千人，切勿放过一人”，派遣军队对苏区乡村反复“围剿”“清乡”，进行地毯式的搜捕，对苏区乡村长期围困、严密封锁，断绝与外地的一切联系，并在苏区乡村实行烧光、杀光、抢光的“三光”政策。地主豪绅也疯狂反攻倒算，强行退租退息，吊耕罚款。国民党则更是横征暴敛，苛捐杂税名目繁多，致使民穷财尽，民不聊生，民怨沸腾。就在此时，在惠阳苏区中，流传着这样一首革命歌谣：

三四五月饥荒天，穷人冤枉数唔完；
做工好似牛咁苦，经常无米断炊烟；
凄惨凄，涯唔讲来你唔知。
三餐吃介番薯粥，放下碗筷饿得哩。
样般好，通家大细喊叫天。
锅头生锈甑挂起，火船靠岸就绝烟，

饿到死，黄昏饿到五更天。
唔晓团结来打算，始终都会无冤伸。
笠帽戴烂水淋头，衫裤着成马龙头；
晚间睡目无帐吊，蚊叼蚊啮真系愁。
可杀万恶国民党，唔怕穷人死清光；
明知饥荒都难过，又来敲诈捐税粮。
唔使慌，大家团结来商量。
消灭豪绅和地主，打倒万恶国民党。
大家加入工农会，全力巩固苏维埃；
拿起刀枪干革命，幸福日子定来临。

7月，为发动农民开展减租抗租斗争，惠州县委在淡水土湖东区荣甫岭召开农会会员大会，到会会员400多人。大会将结束时，驻淡水的国民党军饶汉杰部突然袭击会场。放哨的赤卫队员龚日发现敌人立即鸣枪报警，同时阻击敌人进犯。龚日不幸被捕遇害。

10月，惠州县委、共青团惠阳县委在淡水上土湖、下土湖、塘尾、滩头、莲塘面、周田、矮岭仔等7个共青团支部挑选40多人，成立“敢死队”，袭击新圩田亩捐税所。10月17日，“敢死队”队员化装进入新圩街内，出其不意，将田亩捐税所警卫队队长刘英、田亩捐主任丘中奇击毙，并缴获步枪7支。田亩捐税所遭受打击后，再也不敢轻易进村勒索村民。

1932年初，国民党军饶汉杰部伙同罗坤等地方反动武装，多次“围剿”淡水土湖等红色村庄。2月6日，为避敌锋芒，叶青带领一批党、团骨干隐蔽在归子岭何新隆家。翌日，敌人包围归子岭。何正平为掩护叶青等人转移，立即冲向门外，转移敌人视线。敌人发现何正平逃走，鸣枪堵截。敌人进入村内挨家挨户搜捕。惠州县委交通员5人及革命群众何新隆、何亚顺、何亚英、何三友被捕。随后，国民党军再次进村搜捕，又抓去11位老人和妇女，并将他们残酷杀害。2月24日，被捕的交通员和群众，除何三友被国民党军强迫充当挑夫客死他乡外，其余8人被杀害于淡水。

潼湖（鸭子埗）区委、区苏维埃政府，在遭受反复“围剿”、根据地备受摧残的情况下，仍然领导人民群众为保卫苏维埃而不懈斗争。此时，镇隆石岗牛岭村地主朱荣古与国民党惠阳县参议、井龙地主吴少龙相互勾结，到处造谣恐吓农民，悬赏通缉区委、区苏维埃领导人张仲鸣。潼湖区委组织镇隆四大半围赤卫队员20多人包围朱荣古住宅，朱荣古闻风潜逃。赤卫队发动农民没收其浮财。不久，吴少龙引领国民党军“围剿”石岗村，区委书记张仲鸣之子、共产党员张大水、张仁佳不幸被捕遭杀害。

至1932年冬，在惠州县委的领导下和镇隆四大半围及淡水地区群众不屈不挠斗争精神鼓舞下，全县农会的斗争信心复苏，同时也推动了惠紫河博游击区的发展，建立了先后以陈允才、叶青、蔡步墀为主席的惠州革命委员会。1932年冬，惠州县委领导惠阳游击队和紫河赤卫队等地方武装，在革命群众的支持下，多次组织暴动，在山区开展游击战争，牵制了国民党军队进攻东江革命根据地的大量兵力，并在国民党统治区的腹地开辟了游击区，给中国工农红军第十一军输送了大量兵员，为东江革命根据地的开辟创造了条件。

4

# 第四章

## 同仇敌忾　抵御日军

## 第一节 恢复党组织 拯救我中华

### 一、抗日救亡运动的兴起

1931年9月18日夜，日军炮轰沈阳北大营，九一八事变爆发。随后，日军侵占沈阳，又陆续侵占了东北三省。在民族危亡的紧急关头，9月20日，中共中央发表《中国共产党为日本帝国主义强暴占领东三省事件宣言》。

九一八事变后，广州市中等以上学校学生10万多人率先举行集会和示威游行的消息传到惠阳，惠州、淡水、平山、横沥、多祝的学生、工人、居民举行集会和示威游行，抗议日本侵略中国。9月下旬，淡水地区在党、团组织的领导与发动下，成立淡水地区反帝大同盟，以象山简易乡村师范学校师生为先锋，联合崇雅、光祖两所初级中学师生及店员工人群众1000多人举行反日示威大游行，开展抗日宣传和抵制日货活动，平山的惠阳县立简易乡村师范在校长金步墀和教师盛震叔、肖盟泉等3位共产党员带领下，组织一支30多人的抗日宣传队，分赴平山、白花等墟镇、农村开展抗日宣传，通过文艺演出、口头演讲、粉刷标语等形式，向群众揭露日本帝国主义的侵略罪行。1932年春的一天凌晨，大批军警突击包围搜查学校，校长金步墀和教师肖盟泉被捕。肖盟泉经多方营救无效，于是年端午节在惠州被杀害。

1935年12月9日，北平大中学生数千人举行了抗日救国示威游行，反对华北自治，反抗日本帝国主义。

北平一二·九学生爱国运动的消息传到惠阳后，惠阳城乡墟镇迅速掀起了抗日救亡的热潮。淡水崇雅中学师生走上街头高唱《义勇军进行曲》等救亡歌曲，宣传抗日救亡，使沉寂多年的淡水沸腾起来。1936年春，以崇雅中学学生和社会进步青年叶文华、丘陵、王慕（原名王慕英）、邓秀芳、蔡端、朱快鸣、高云波、古维进、何武、李生等为骨干，在镇内和附近的周田、横排浪等乡村串联发动三四十人，于3—4月间成立淡水生活读书会，推举王慕为负责人。读书会订购或托人购买《读书生活》《世界知识》《救亡日报》《生活周刊》，香港的《大公日报》《珠江日报》，以及上海出版的普通话拉丁文小报《我们的世界》、邹韬奋的《萍踪寄语》、斯诺的《西行漫记》、艾思奇的《大众哲学》等报刊、书籍。淡水生活读书会从组织成立到日军在大亚湾登陆淡水第一次沦陷止，通过读书会的活动，使进步青年的政治思想觉悟得到提高。读书会会员黄鑫、朱快鸣、丘陵、王慕、丘耀先后加入中国共产党，后来参加了抗日游击队。

## 二、建立大同共耕社支部

1934年9月起，由于惠阳县委、香港工委被破坏，惠阳县党组织被迫暂时停止活动。

随着一二·九抗日救亡运动的兴起和民族危机的加剧，一些与党组织失去联系的党员开始组织抗日救亡的革命团体。他们积极找寻共产党，迫切希望在党组织的领导下开展抗日救亡运动。淡水矮岭村一些分散隐蔽的共产党员在黄开的带领下，自觉地团结群众，组织各种秘密或公开的革命活动。为了维护农民的利益，保护农民佃耕的权利，他们发动群众起来斗争，不准地主调耕、抽耕，把“二五”减租改为灾害减成，并发动农民自筹资金办起一间全村集体共有的榨油坊，命名为“同生公司”，实行民主管理，农民自种自收的花生投入作坊榨油，避免了农民受中间环节的剥削。

1936年春，在黄开的组织领导下，矮岭村10多个党员和农会会员30多人以同生公司为基础成立大同共耕社，同时成立中共大同共耕社支部，黄开任书记。这是土地革命战争后期在惠阳重新建立的第一个党支部。党组织恢复活动后，以党员为核心发挥先锋作用，开垦蚌湖、潼湖荒地100多亩，年收稻谷300多担，既增加农民收入，又为开展抗日救亡运动提供了有利条件。

## 三、组建香港惠阳青年会回乡救亡工作团

1936年9月，在中共南方临时工作委员会（简称“南临委”）的组织下，惠阳县的抗日救亡活动逐步开展起来，旅居香港的青年刘宣与中共香港组织的一些负责人有过联系和接触，开始接受抗日救亡宣传，并出任由香港工委宣传部长陈华在香港旺角弥敦道创办的智仁勇学校校长，开始秘密宣传抗日救亡运动。1936年秋，在广州参加中国青年同盟、领导广州学生运动的叶锋，被捕出狱后也来到香港。1935年留学日本，因反对日军侵占东北、宣传抗日救亡的严尚民，被日本政府驱逐出境也回到香港。此外，旅居香港的惠阳青年还有淡水崇雅中学、象山中学、良井中学、惠州榇山中学以及广州中山大学、广雅中学、知用中学的学生。

为了团结旅港惠阳进步青年，进一步开展抗日宣传活动，严尚民等人于1937年4月在香港油麻地庙街正式成立香港惠阳青年会（简称“惠青”），选举李庆祥为会长。随后，还在九龙城、深水埗、中环、湾仔、筲箕湾各地及海员、旅馆、警署等行业设立分会。惠青成立时，会员近500人，到1939年初增加到

5000余人。在惠青的影响带动下，香港的青年组织纷纷成立，盛极一时。

惠青成立不久，全面抗战爆发。香港市委和海员工委决定，以香港惠阳青年会名义，组织成立香港惠阳青年会回乡救亡工作团（简称“惠青救亡工作团”），回内地沿海一带进行抗日救亡宣传活动。从1937年8月至1938年底，香港惠阳青年会先后组织三批爱国青年回到惠阳、宝安沿海地区开展抗日救亡活动。

1937年8月，第一批惠青救亡工作团一行12人，在团长邓光度、副团长严尚民的带领下，回到惠阳，在淡水设立团部。先后在平山、多祝、淡水、坪山、龙岗、横岗等地成立抗敌后援会、青年抗敌会、妇女抗敌会和淡水文化界救亡工作团。

1938年初，第二批惠青救亡工作团共20人，在团长严尚民、工作团支部书记朱快鸣的带领下，再次回到惠阳淡水开展活动。

1938年10月25日，第三批惠青救亡工作团仍以严尚民为团长，叶锋、刘宣为副团长。工作团一行60多人，由刘宣带领回到惠阳坪山。后来又在内地吸收进步青年30余人，工作团共近百人。这时，因日军进攻华南，东江下游地区已沦陷，第三批工作团回来不久，即在坪山举办军事训练班。训练班结束后，团员分赴部队和农村开展工作。

## 第二节 众志成城 打响阻击战

### 一、建立乡村民众自卫武装

日军在大亚湾登陆前，惠阳县许多区、乡都组建了抗日自卫队等形式的民众抗日武装，为东江地区建立人民抗日武装，开展敌后游击战争，建立抗日根据地，确立了组织基础和群众基础。

1938年7月，惠青救亡工作团通过统战工作，争取国民党驻军旅长何联芳的支持，举办惠阳沿海青年自卫武装干部暑假军事训练班，为期两个多月，参加训练班的进步青年有高健、陈志期、黄慕英等150多人。

惠阳抗日自卫武装在惠阳各级党组织的领导下不断生根发芽。与此同时，在光汉、联治、燕贻等小学以学生中的少年儿童为主体，成立麻溪共产主义儿童团，这支队伍由30多人发展到300多人。为激励少年儿童团结战斗，保卫家乡，儿童团还创作了团歌。歌词是：

我们是二十世纪的儿童，我们是革命少年的先锋，今天持枪打敌人，奋勇杀敌向前冲！我们是二十世纪的儿童，我们是革命少年的先锋，明天建设新社会，要做国家的主人翁！

儿童团建立后，在麻溪党支部的领导下，积极开展抗日救亡工作，发挥了很大的作用。这些儿童团员在党的领导下，不断成长，在不到3000人的麻溪乡，就有200多人参加抗日部队，其中多数为儿童团成员。年仅15岁的黄振芬，1944年春参加东江纵队，在同年冬与日军作战时，冲锋陷阵，壮烈牺牲。

## 二、抗击登陆大亚湾日军

从1937年8月开始，日本接连不断地对广东全省城乡反复疯狂轰炸，企图以此“摧毁中国的抗战意志”。据广东省档案馆有关档案记载的不完全统计，1937—1941年，日本出动飞机突袭广东共19281架次，总共投下炸弹20842枚，炸死7153人，炸伤11838人，炸毁房屋20031栋，给广东人民造成空前深重的灾难和生命财产损失。

1938年10月1日起，日军每天出动飞机60余架次，对惠州城狂轰滥炸，延续10天之久。惠州城大街小巷一片火海，尤其是水东街，有几间煤油店铺中弹后，所贮煤油焚烧爆炸，火焰升腾，黑烟布满天空。惠州全城被炸死300多人，炸伤100多人，成千上万人流离失所，无家可归。在轰炸惠州城的同时，日军对淡水也疯狂轰炸。在淡水河边竹林中，一次就被炸死20多人，淡水河变成血水河。

10月9日，日军第五舰队的“加贺”号、“苍龙”号、“千岁”号、“龙骧”号在海空兵力护卫下，抵达大亚湾口，下午1时陆续到达预定抛锚地。12日凌晨2时45分，日军第十八师团、第一〇四师团和及川先遣支队等部4万余人，分三路在大亚湾登陆。

此前国民党军对敌情判断错误，认为广东毗邻香港，日本因避免与英国冲突，不敢侵犯广东，把广东国民党军6个师和几个补充团调去淞沪、南浔、河南等战场，调出部队占广东驻军总数50%左右。这时驻守惠（州）平（山）淡（水）澳（头）一线的仅有国民党第四五一旅（两个团），罗懋勋团团部和两个营驻淡水，一个营驻澳头。

12日凌晨5时起，日军登陆后直扑淡水，在新桥附近先与澳头驻军凌云连的一个排和万年乡抗敌后援会交火。有关新桥阻击战的情况，当年的亲历者有一段回忆录，现抄录如下：

新桥（又名钳口）在南边灶西北面，是座古石桥，约一米宽，二十多米长。桥下水深约两米多，水流湍急，桥东一片田野，桥西岸是悬崖，是通往淡水的必经之路。过了桥约三四十米有座小山叫龟地垅，山麓有一座泥碉堡，两条散兵壕，从碉堡两侧向后伸延，桥头有几个单人作战掩体，第八连王排长率领部分士兵在这里防守。

凌晨5时左右，大块乌云遮盖了月亮，大地一片昏暗。逃难人群已进入深山，岩背村有三青年跨过新桥准备进山，在桥头休息，突然人影幢幢，直奔过来，还未分清是什么人，黄怀、黄金保便被刺刀刺倒，一声惨叫倒在血泊中。陈远新当过几年兵，手脚灵活，端起十三响（土枪）向敌人射击；不好，竟是哑火，一瞬间几把刺刀向他刺来。陈远新左闪右挡，带着受伤的身体一蹲便跳入桥下灌木丛，并大声喊“日本鬼子来了”。日军向他逃走的方向放了几枪。这时，桥西守军听到喊声、枪声，便所有步机枪齐发，复仇的火焰射向敌群，日军顿时倒下一大片，队伍大乱。当时天尚未亮，日寇对桥西防守情况不明，不敢轻举开展兵力，只能多次组织火力掩护桥面冲锋，但都受到密集子弹压制而退回，这局面持续到天亮。天大亮，能见度好，从航空母舰起航的飞机在新桥上空轮番俯冲扫射，掩护其步兵冲锋。我守军在极其不利的条件下，抱着为国献身、与敌人血战到底的斗志，将兵力分为两部分，王排长提起一挺机枪在散兵壕对空射击冲下来的敌机，掩护其余士兵射杀向桥头冲来的日寇步兵。清晨，新桥战斗打得很激烈，场面非常壮观，为中国人民出了一口气。战斗持续了一个多钟头，日寇虽使用骑兵冲击，但都不能冲过石桥。用轻武器抗击天上的飞机和地面小炮、机枪，是不能坚持太久的。

早晨7时多，再听不到守军的枪声，他们全部壮烈牺牲了。新桥阵地失守了，骄横的日本法西斯，做梦也想不到为夺取一座新桥竟付出如此惨重的代价。敌人把怒火发泄在王排长身上，将他的遗体吊在泥碉堡后面山上松树上，剖开胸膛，扒开内脏。日寇的暴行令人发指。

（陈平、廖汉辉：《回顾日寇在大亚湾澳头登陆》，引自《大亚湾风云》，广东人民出版社1992年版）

10月14日上午10时，日军第十八师团主力由冷水坑、陈江分两路进犯惠州。当日军进至惠州城南侧时，国民党第一五一师一部以迫击炮轰击进攻日军。14日傍晚，日军乘雷雨天气，开始攻击惠州城，经过激战，突破第一五一师碉堡阵地后，于15日凌晨4时40分进占惠州南门，5时进占北门和西门，8时突入东门，10时对惠州府城“扫荡”完毕。另一部日军于15日上午7时攻占惠州桥东县城惠阳县委驻地。国民党第一五一师向博罗方向撤退，惠州失陷。

日军在大亚湾登陆后，仅10天时间，东江下游及广州地区大片国土相继沦陷。日军所到之处，实行烧光、杀光、抢光的“三光”政策，烧杀抢掠，奸淫妇女，无恶不作。各路日军进入惠州城后，连续3天疯狂烧、杀、抢。不论男女老幼，日军见人便杀，整个惠州城尸横遍野，血染满城。

## 第三节 开展游击战　黄花分外香

### 一、惠宝工委和惠宝人民抗日游击总队成立

1938年10月24日，曾生、谢鹤筹、周伯明等带领由共产党员和进步青年组成的东江工作团到达惠阳坪山。10月30日，在惠阳坪山羊牯嶂，由曾生主持召开了有香港惠阳青年会回乡救亡工作团和坪山、淡水、盐田、沙鱼涌等12个党支部代表参加的干部会议，正式宣布成立中共惠宝工作委员会，同时决定筹备成立惠（阳）宝（安）人民抗日游击总队，由曾生、周伯明、郑晋和叶汉生等人负责组建工作。不久，东南特委选派土地革命战争时期东江革命根据地的军事骨干彭沃、翟信、陈石甫等18人回到惠阳淡水，参加筹备工作。惠阳地方党组织又选送10多名自卫队员，加强了部队的力量。由于缺乏武器弹药，惠宝工委以惠青救亡工作团的名义，以自卫需要为理由，向当地的国民党驻军第四五一旅温淑海部和地方武装大队罗坤部借了17支步枪和1000发子弹。大革命时期加入中国共产党的老党员叶汉生和叶维儒又从家乡收集12支枪送给部队。其后，又在沙头角向群众收集到国民党军溃逃时丢弃的轻重机枪3挺、步枪10余支。

为方便部队公开合法地开展活动，以取得社会各界的支持，根据东南特委的指示，曾生、周石永、刘宣、陈铭炎等前往龙岗与温淑海联系，要求授予这支部队一个正式的番号。经谈判协

商，温淑海同意授予“惠阳人民游击大队”的番号，使惠宝人民抗日游击总队的组建工作得以顺利进行。1938年12月2日，正式成立惠宝人民抗日游击总队。总队长曾生，政治委员周伯明，副总队长兼参谋长郑晋。全队共100多人。

到1939年初，惠宝人民抗日游击总队发展到200多人，编成两个中队和一个特务队。

在东南特委领导下建立起来的这支人民抗日武装，为了便于开展活动和部队的发展壮大，根据中共中央南方局和广东省委的指示，惠宝工委派叶锋、叶汉生到惠州，与第四战区东江游击指挥所第三纵队司令骆凤翔进行谈判，取得了第四战区的统一番号。1939年5月，惠宝人民抗日游击总队改称为“第四战区游击指挥所第三挺进纵队新编大队”（简称“新编大队”），曾生为大队长，周伯明为政训员（后卢伟良），郑晋为副大队长。新编大队在惠阳、宝安敌占区活动，开辟敌后抗日游击根据地。

部队虽然改变了番号，取得了合法的地位，但始终坚持共产党的绝对领导和独立自主的原则，部队中原有的共产党组织和部队的编制保持不变，作战行动、军政训练、干部任免和部队给养均不受国民党的限制。正是由于坚持了独立自主的原则，所以这支人民武装能够迅速发展壮大，成为开辟东江敌后战场的一支重要力量。

## 二、建立东江第一个抗日民主政权

1938年12月初，占领淡水的日军，在惠宝人民抗日游击总队的不断袭击下，惶惶不可终日。7日，日军收缩战线撤出淡水。淡水常柏田自卫队队长高健带领高宏、高乔、高固、高远4 人趁敌人撤退之际突进淡水，捣毁淡水日伪维持会所，击毙伪警长罗贤和汉奸吴带，伪维持会长曾庚深夜潜逃时跌死在深涧里。第二天，茶园和周田的自卫队进城，惠宝人民抗日游击总队队员戴着“游”字臂章，在当地自卫队的配合下，开进淡水城。游击队进入淡水后，立即张贴安民布告，号召各地乡民返回淡水复市，恢复生产，重建家园。

12月9日，惠宝工委召开会议。会议就建立淡水区抗日民主政权的名称、施政纲领的内容和产生政权的方式等问题进行研究和讨论。会上，曾生介绍了他从报刊上了解到的晋察冀边区抗日民主政权的施政纲领和产生方式，并提议：参照晋察冀边区建政的经验，将抗日民主政权的名称定为“惠阳县第二区行政委员会”。确定施政纲领的主要内容为：实行政治民主，保证民众集会、结社、言论、出版、信仰自由，实行减租减息政策、优待抗属等。政府人选由民主选举产生。

10日，东江第一个抗日民主政权——惠阳县第二区行政委员会成立。参加成立大会的群众有500多人。经大会举手表决通过，由严尚民任行政委员会主任，黄达三、陈志期为主办区员，陈永、古海生、叶特青为区员。行政委员会设在淡水。惠阳县第二区行政委员会成立后，主要做了六项工作：一是重建乡、镇政权；二是开展游击战争，痛击日军；三是惩办汉奸，维持社会治安；四是做好救济难民和伤亡善后工作；五是废除苛捐杂税，恢复集市贸易；六是复办教育，组织生产。惠阳县第二区行政委员会趁国民党顽固派对这个红色政权尚未动手前，放手发动和组织群众，加速成立各乡抗敌同志会，壮大人民力量。同时认真执行中共六届六中全会确定的路线方针，不断巩固和扩大抗日民族统一战线：一方面，对当地的上层人士通过交朋友的方式商谈国事活动，博得各方人士对中国共产党的同情和支持，让他们制造舆论，主持公正；另一方面，坚持独立自主放手发动群众的方针，组织各乡乡长联名上书挽留共产党员区长严尚民（严奎荣），并且派郑晋等人赶赴惠州城找专员和县长，据理力争，最终使区行政委员会全体人员得以保留。经协商，将“行政委员会”改称为“区署”，仍然委任严尚民为区长。

1939年1月，国民党五届五中全会召开，制定了“防共、限共、溶共、反共”的政策。惠阳县县长蓝逊因委任共产党员严尚民为区长而被撤职，刘秉纲接任县长。刘秉纲上台后，声称要撤销严尚民区长职务。第二区群众进行了坚决的斗争，数千民众在淡水晒布岭举行大会，表示坚决拥护严尚民，各乡镇长也联名上书县政府要求留任严尚民。

5月上旬，国民党顽固派在东江地区掀起了第一次反共高潮。刘秉纲带着武装人员100余人，来淡水“视察”，以武力相威胁。他们对惠宝人民抗日游击总队名为收编，实为限制、消灭。他们限令游击队驻在坪山，只给了第四战区第三挺进纵队新编大队的番号，编制两个中队200人，既不给经费，又不给弹药。他们又想以集训为名，要游击队到惠州西湖百花洲集训，妄图加以消灭。曾生、王作尧早就开始警惕其阴谋，为了顾全大局，仍然派新编大队副大队长周伯明到惠州谈判。周伯明到惠州后发现，顽固派指定的集训地点在西湖的小岛中，只有一条狭长的小道通到岸边，四周都是湖水，只要用火力封锁小道，岛内人员便插翅难飞。周伯明以前线敌情紧张为由，要求原地整训，巧妙地挫败了敌人的阴谋。惠宝工委根据东南特委的指示，召开紧急会议。为预防不测和避免不必要的损失，会议决定严尚民暂时离开淡水，区政府工作由黄达三负责。为防国民党顽固派的突然袭击，抗日民主政府工作人员也准备撤离淡水。另一方面，把曾在区民主政府和抗敌后援会等处工作过的同志转移隐蔽，继续坚持斗争。随后，刘秉纲以“年轻”“需要深造”为理由，免去了严尚民的职务。自此，东江第一个抗日民主政府结束了自己的历史使命。

## 三、东江华侨回乡服务团成立

1938年10月，惠州及东江下游地区沦陷的消息传到海外，南洋英荷两属惠属侨胞无不义愤填膺，纷纷行动起来，开展救国救乡活动。10月27日，新加坡惠属侨胞召开紧急会议，讨论救国救乡大计。30日，南洋各地的惠属侨胞，在马来亚吉隆坡惠州会馆召开南洋各埠惠州华侨代表大会，宣布成立南洋英荷两属惠州同侨救乡委员会（简称“南洋惠侨救乡会”）。

12月1日，黄适安率领南洋惠侨救乡会代表团抵达香港，与廖承志、连贯和正在香港的新四军军长叶挺等商讨救乡计划。12月中旬，在东南特委的主持下，召开有南洋惠侨救乡会、香港惠阳青年会、余闲乐社和海陆丰同乡会代表参加的会议。会议决定成立东江华侨回乡服务团（简称“东团”），确定以动员东江群众协助军队及人民武装抗战，并拯救伤兵难民及辅导民众组织各种救亡团体为东团的宗旨。

东团总部委员会成立后，以南洋惠侨救乡会回乡服务团成员为骨干，香港惠阳青年会、余闲乐社和海陆丰同乡会组织的回乡救亡工作团为基础，于12月底次第组成各县服务团。1939年1月，东江华侨回乡服务团在惠阳淡水正式宣布成立，团长叶锋，副团长刘宣。东团成立不久，发展为10个分团、5个队和1个流动剧团，活动范围遍及东江地区13个县。东团队伍不断扩大，人数也迅速地增加到500多人，

东团在惠阳支持抗日的事迹传到南洋，惠属华侨的爱国热情不断高涨，爱国青年纷纷要求回乡参加抗日救国活动，出现争先恐后回乡抗日救国的动人场面。吉隆坡华侨方寿，亲自带儿子方隆、侄子方志良到南洋惠侨救乡会，请求介绍他们回国抗战，并嘱儿、侄“要绝对服从命令，抱就牺牲决心，不可退缩，以期

对得住国家民族”。1939年9月，方寿又送儿子方金龙回国从戎杀敌。马来亚店员陈志奋，母亲早逝，父亲年老体弱，丧失劳动力，全靠他赡养，父子相依为命。但陈志奋说服老父亲，毅然参加东团回国抗战。贺玉兰夫妇和叶秀清夫妇新婚燕尔就双双回国为抗战服务。泰国华侨钟若潮（李忠）、王丽夫妇，偕弟弟钟育民一起回国抗战，夫妻双双为国捐躯。许多华侨青年抱定救国救民决不回头的决心，回国时不留后路，不领取英荷当局签发的重返南洋入境证，决心回国抗战到底，直至取得最后胜利。从1939年3月开始，由爱国侨领黄伯才、张郁才合资组织的两才队，由官文森独资组织的文森队，由雪兰莪州惠属华侨集资组织的吉隆坡队以及加影队、士毛月队、星柔队和北马华侨回国服务团相继成立，并于1939年上半年先后回国参加东江敌后抗日游击战争。越南、泰国等地的爱国华侨青年，也纷纷回到东江参加抗战。北美洲纽约惠州工商联合会会员邱潭君等爱国青年，不远万里回到祖国加入东江人民的抗日行列。

东团大张旗鼓的宣传活动，引起了国民党东江当局的恐惧和不满。为限制东团活动，进而掌握东团的指挥权，香翰屏于1939年9月电请南洋惠属侨领黄伯才、叶淡波回到惠阳，妄图利用侨领的影响和压力，达到控制东团的目的。惠阳县委决定将东团的分团改为“队”，并将缩减的人员编入抗日游击队。在惠阳活动的第一分团，改为“惠阳队”，人数也由原有的100多人减少到50人，从而挫败了国民党东江当局控制东团活动的阴谋。

华侨的输财助战，在当时被誉为“中国对日抗战的四大支柱之一”。而东江华侨回乡服务团的建立及其活动，有力地推动和配合了东江地区的抗日救亡运动的开展，为中共东江组织、惠阳地方组织的发展壮大，敌后游击战争的开展，抗日根据地的创建发挥了重要作用。

## 四、前东特委成立与上下坪会议的召开

1940年8月间，中共东江前线特别委员会（简称“前东特委”）正式成立，尹林平任书记。前东特委成立后，撤销惠阳中心县委，恢复惠阳县委，谢鹤筹任书记。

9月中旬，为了贯彻中共中央书记处5月8日的电文指示，确定开展东江敌后抗日游击战争的方针和任务，前东特委在宝安县布吉乡上下坪村召开部队干部会议。会上认真学习和讨论了中共中央“五八”指示和广东省委的有关指示精神，总结东移海陆丰的严重教训。会议决定不再使用第四战区给予的部队番号，成立广东人民抗日游击队。会议决定，将部队编为两个大队，即广东人民抗日游击队第三大队和第五大队。

由中共前东特委主持召开的上下坪会议，是东江人民抗日武装在东移海陆丰遭受严重挫折重返敌后的重要时刻召开的。这次会议正确地总结了东移受挫的教训，深刻领会中共中央和毛泽东同志关于依靠人民力量，独立自主开展敌后抗日游击战争的战略思想，提高了贯彻执行抗日民族统一战线的政策、策略和坚持独立自主开展敌后抗日游击战争，建立抗日根据地方针的自觉性。它为东江人民抗日武装的发展和敌后抗日游击根据地的创建确立了正确的方向。这次会议的召开，成为东江党组织和中共惠阳县委开展人民抗日游击战争的重要转折点，及时扭转了东江抗日的被动局面。

## 五、广东人民抗日游击总队惠阳大队的成立及敌后游击战争的开展

1942年1月间，南方工委副书记张文彬从香港到达宝安阳台山抗日根据地进行调查研究，并在白石龙村主持召开了广东人民

抗日游击队干部会议。会议传达了中共中央南方局的指示精神，总结东江党组织和广东人民抗日游击队对敌斗争的经验，确定抗战相持阶段最困难时期的斗争方针，加强和统一东江敌后游击战争的领导。

为了适应形势的发展，南方工委决定成立东江军政委员会，尹林平为主任。会议还决定成立广东人民抗日游击总队（简称“游击总队”），由梁鸿钧任总队长，尹林平任政治委员，曾生任副总队长，王作尧任副总队长兼参谋长，杨康华任政治部主任。

根据白石龙会议的决定，正式组建广东人民抗日游击总队惠阳大队。惠阳大队由彭沃任大队长，谭天度任政治委员，高健任副大队长，叶锋任政训室主任。部队由第三大队一个中队和惠阳短枪队以及部分地方武装组成，下辖3个小队、1个短枪队。全大队共200多人。

为了确保扩展惠宝边根据地战略部署的顺利实施，游击总队决定扩建一支机动作战的主力中队和独立中队。以护航队、惠阳长枪队、塘埔抗日自卫队为基础，组建广东人民抗日游击总队独立中队，以刘培为中队长，叶基为副中队长，张东荃为党代表。独立中队活动于惠宝边东部地区和大鹏湾海域，以控制大鹏湾海域为主要任务。

部队展开了一系列军事活动，打击敌人，收复失地，使惠宝边的东、西、南大部分地区连成一片。随着民运工作、部队政治建设和后勤保障工作的加强，部队不断发展壮大，敌后游击根据地也随之巩固和扩大，为策应宝安阳台山和东莞大岭山根据地的斗争起到了积极的作用。

## 第四节 编织情报网 策应大营救

### 一、建立交通站、情报网、接待站

早在1928年夏，惠阳党组织为了部署暴动和起义工作，就在周田村廖屋等地建立起地下交通站，传递、护送党的情报和文件。1938年，在日军从惠阳县大亚湾登陆后，惠阳党组织立即以共产党员魏珠伯家为据点建立交通联络站，随后又在黄沙青山仔共产党员张石松家建立交通联络站，以形成地方党组织及抗日武装的秘密联络网。1940—1945年间，联络网获取惠州日伪顽重要军情多宗，提供给东江抗日部队，使抗日部队能够知己知彼，稳、准、狠地打击敌人。

中共惠阳县地方组织和部队的交通情报工作是由交通和情报两个密切联系而又职责有别的机构共同进行的。1939年，惠阳县委就派何武以教员身份潜入坪山建立龙岗大井、田寮、横岗、新圩、淡水等地交通站，逐步形成了交通情报网。

到1942年2月广东人民抗日游击总队成立时，在路西、路东和港九地区都建立了交通总站，每个交通总站下设若干分站。交通情报网的建立，不但为地方党组织工作的开展、部队的作战部署、根据地的扩大发展发挥重要作用，也为策应香港大营救、护送被营救的爱国人士和文化人以及国际友人发挥了积极作用。

交通情报工作是十分艰巨而复杂的工作，除担负情报收集、传送，党组织和部队文件传递外，还担负着繁重的运输和人员护送任务。交通员大多数为十多岁的青少年，他们长年累月走在山区、农村、国民党统治区之间，无论白天黑夜，只要有任务，就必须迅速行动，风雨无阻，历尽艰辛。他们来往游击区、敌占区和国民党统治区之间，不惧艰险，出生入死，机智沉着，准确及时地收集情报，传送大批文件、情报和物资，为地方党组织和部队的发展壮大作出了重大贡献，不少交通员、情报员在送情报、物资的过程中，遭遇敌人的追捕和伏击而英勇牺牲，献出了宝贵的生命。

## 二、香港秘密大营救中发挥重要作用

1941年12月8日凌晨，日本军队突然越过深圳河向香港九龙地区发起进攻，12月12日日军占领九龙，12月25日英国守军投降，香港沦陷。

日军占领香港后，在此坚持抗日救国活动的大批文化人和爱国民主人士，陷于极度危险的境地。

日军进攻香港的前一天，正在重庆主持中共中央南方局工作的周恩来就给廖承志发电报，提醒他做好应变准备，注意保护在香港的爱国民主人士和文化人。日军入侵九龙的第二天（12月9日），周恩来又两次电示八路军驻香港办事处主要负责人廖承志，传达了中共中央对旅居香港的爱国民主人士和文化人的担忧，要求迅速设法将他们营救出来，转移到香港以外的安全地区。根据中共中央和周恩来的指示，廖承志、张文彬等及时与南方工委、粤南省委、香港市委、前东特委和东江抗日游击队等取得联系，立即组织相关人员投入营救工作，并由廖承志、张文彬在香港、惠阳、宝安召集有关方面领导人会议，研究营救工作可能遇到的种种困难和问题，进行周密的部署，作出具体的实施方案。决定乘侵占香港的日军立足未稳，对香港情况不太了解和大批难民逃离香港之时，以最快的速度帮助在港爱国民主人士和文化人迅速转移。

爱国民主人士和文化人撤退护送工作，分陆路和水路同时进行。由水路撤退的，从香港长洲岛乘船到澳门，然后分别到台山、中山石岐或江门，沿西江到桂林。由陆路撤退的则首先从香港紧急疏散，护送到港九游击队设立的交通站，再由游击队和地下交通人员护送到宝安、惠阳抗日根据地，然后护送到大后方。

从陆路撤退的工作分四段进行。在港九地区的转移工作由刘少文负责；从九龙撤退到惠东宝抗日根据地再到惠州的安全护送工作，由广东人民抗日游击队和前东特委及其所属的宝安、惠阳等地党组织负责；从惠州到老隆再到韶关的秘密转送工作，由后东特委负责。到韶关后，则由中共中央南方局和粤北省委直接安排护送。

1942年1月开始，营救工作秘密紧张地进行，在香港地下党组织的配合下，被营救人士摆脱了日军的跟踪监控，1月9日晚开始被分批护送到九龙的港九大队交通站，然后分东、西两条路线，送往东江抗日根据地。东线的护送工作由蔡国梁、黄冠芳率领的武工队负责，从九龙市区经牛池湾到西贡，然后乘船渡过大鹏湾，在大梅沙、小梅沙、上洞或沙鱼涌等地登陆，转入惠阳抗日根据地。护送爱国民主人士和文化人到惠州的工作，是由前东特委和惠阳县委以及惠阳大队负责的。此外，由西线护送爱国民主人士和文化人到宝安再转入惠阳抗日根据地然后到惠州的工作，也由惠阳县委和惠阳大队执行。惠阳大队由彭沃和高健分别指挥第二小队和短枪队担负护送任务；惠阳县委具体负责从淡水、茶园接待站到惠州的护送和接待任务。先后参加爱国民主人士和文化人护送工作的还有：黄宇、谢鹤筹、郑伟灵、陈铭辉、杜宏超、廖其浩、叶汉生、丘荫棠、王寿、曾尧、钟生、翟信、卢伟如、蓝造、陈永、叶锦珠、李茂仔、黄鑫等人。

在惠州的接待、护送任务是由前东特委和惠阳县委担负的。1941年，前东特委通过一段时期的工作，在惠州城区建立了多个以公开职业作掩护的秘密组织，其中有以蓝造为书记的惠州区委、由惠阳县委组织部长卢伟如以香港昌业公司经理的身份在惠州等地建立的秘密情报站、交通站。共产党员涂夫也以东江游击指挥所政工大队副队长的身份潜入惠州。与此同时，按照廖承志的指示，香港亚洲公司经理廖安祥在惠州开办“源吉行”，以商行的名义掩护有关人员来往。由于廖安祥在惠州有众多的社会关系，他通过商业经营成为惠州乃至整个东江商界的知名人士，连国民党惠州当局的军政要员对廖安祥也相当尊重，这就为东江党组织通过廖安祥的关系开展秘密大营救工作创造了有利条件。为确保爱国民主人士和文化人在惠州的安全和护送工作的顺利进行，前东特委还指示惠阳县委，将梁化区委书记陈永和李惠群、叶木兴等调到惠州，让陈永以香港大商行少东家的身份建立秘密交通站，并任站长。交通站不但协助卢伟如处理从香港运来的货物，而且准备爱国民主人士和文化人在惠州期间的接待工作。此外，党组织在惠州还通过统战关系，与农工党的杨思中、李仕嘉、苏景云、叶志良、李世浩、余伯华设在惠州的机关“东和行”建立了密切的联系，得到他们的配合和支持，形成了香港沦陷后惠州的交通情报网，为掩护、护送爱国民主人士和文化人创造了条件。

从1942年1月开始，爱国民主人士和文化人一批批地从香港被护送到宝安白石龙和沙鱼涌等地，由惠阳大队负责护送到淡水、茶园后，再由惠阳县委的交通员和武装人员护送到惠州。然后由惠阳县委掌握的可靠运输船，沿东江水路护送到老隆，再由老隆转送至韶关等地。先后由惠阳县委、惠阳大队负责护送的除廖承志、张文彬、连贯和乔冠华等党组织的领导人之外，爱国民主人士和文化人主要有：茅盾夫妇、邹韬奋、胡绳、戈宝权、张友渔夫妇、胡风、许幸之、廖沫沙、胡仲持、叶以群、周钢鸣、黄药眠，以及国民党海军少将陈策夫妇、邹鲁夫人、余汉谋夫人上官德贤等数百人。此外，还有被营救的国际友人，如英军上校赖特等多人。

现抄录蓝造（时任惠州区委书记）回忆录《百里疾行送茅公》，文中的描述让当年护送爱国民主人士和文化人的艰辛，历历在目：

1942年二三月，我地下党和东江游击队从香港救出来的部分文化人和民主人士，陆续抵达惠阳县淡水附近的茶园交通站。第一批文化人士中，有茅盾和孔德沚夫妇、张友渔夫妇，还有宋之的、叶以群、廖沫沙、胡风等二十多人。惠阳县委决定，在春节前由我（蓝造）负责护送他们到惠州。

2月14日（旧历除夕），吃过早饭后，我就领着他们从茶园起程上路了。二十多人行军队伍，浩浩荡荡。当时，天色阴沉，像快要下雨的样子，我找来一件用簭叶织成的蓑衣，披在茅盾夫人的肩上，把一顶簭帽戴在她的头上，让她坐在椅轿。

在三栋吃过晚饭，已经是晚上七点多钟了，夜幕已经降临。（由于没有买到灯笼）大家只好摸黑上路。

由于天黑，又下着雨，路很滑，加上大家很疲劳，走起路来很慢，刘茂（交通员）走在前头探路，我有时走在中间，有时走在后头，负责处理行进中突发的问题和照顾掉队的同志。我非常担心在路上出问题，果然就在离惠州不远的地方，发生了一件意外的事，那是在过一座小桥时，我站在桥头，一个一个地向大家打招呼，“过桥啦，小心点”，我们的队伍在顺利地通过小桥时，突然听到扑通一声，接着就听到茅盾大声叫："不好了，她掉到河里了！"我感到事情糟了，马上跑过去。这时队伍停止了前进，刘茂也从前面跑回来，我们俩下到桥底一看，茅盾夫人站在泥水里，侥幸的是桥面不高，河里只有一些水草和烂泥，茅盾夫人没有跌伤，只是滚了一身泥巴。刘茂赶快把茅盾夫人拉了上来，大家都关切地凑上来前去询问她摔着了没有。她脱下湿透的外衣，将内衣的水拧了几把，忙说，"没什么，不要紧的。"一场虚惊后，大家继续赶路。就这样，又走了一个多钟，赶到了惠州。一直焦急在惠州等待的卢伟如（当时任惠阳县委组织部长）等，见到茅盾等文化人安全到达，才松了一口气，高兴地把他们迎过来。

（引自《大亚湾风云》，广东人民出版社1992年版）

这场秘密营救行动历时近200天，被营救的爱国民主人士和文化人和其他人士总共800多人无一受损，创造了中国革命史上的奇迹。著名作家茅盾于1943年在《脱险杂记》中回忆了这一段经历，将这次营救行动称为"抗战以来（简直可以说是有史以来）最伟大的抢救工作"。所以，在这次史称"香港秘密大营救"的历史事件中，惠阳党组织和革命老区人民为营救爱国民主人士和文化人作出的重要贡献值得载入史册。

## 第五节 拓展根据地 齐心斗顽敌

### 一、军民联合反击国民党顽固派

太平洋战争爆发后，惠（阳）东（莞）宝（安）抗日根据地局势进一步恶化，形成日、伪军和国民党军队夹击共产党领导的人民军队的严峻局面。

从1943年1月起，东江抗日根据地军民展开了打击日、伪军和国民党军队的军事行动。1月2日，曾生率领刘培独立中队在惠阳坝岗坳歼灭顽军陆如钧大队一个中队，缴获轻机枪2挺、步枪30余支。坝岗坳国民党军队被歼，对附近国民党军队据点震动很大，迫使驻大鹏城、王母圩、澳头等地的国民党军队撤回淡水，大鹏半岛为游击总队所控制。1月30日，国民党军队不甘心失败，集中兵力偷袭驻梧桐山的惠阳大队。惠阳大队在高健的率领下奋起反击，将其击退。这时，日军发动兵力配合，企图消灭惠阳大队。担负掩护任务的惠阳大队一个小队，巧妙地撤出战斗，致使日军和国民党军队对打起来。6月17日，国民党军队独九旅一个营和杂牌军地方部队李乃铭大队、九龙大队各一个中队，分别向驻守盐田的惠阳大队进攻。惠阳大队大队长高健率领独立小队和一个短枪队，预伏于碧岭至三洲田之间的隘路两旁，伏击顽军，仅战斗20分钟，全歼独九旅一个连。

到8月，惠宝沿海地区及大鹏湾、大亚湾部分地区为广东人民抗日游击总队所控制，为东进稔平半岛打下基础。

1943年12月2日，东江纵队成立之后，号召全军迅速开展杀敌立功竞赛和拥政爱民、扩军运动。在东江纵队的号召下，各地区部队在地方党组织和抗日民主政府的领导下，广泛开展扩军竞赛，人民群众踊跃参军，部队迅速发展壮大。

在积极开展扩军运动的同时，东江纵队各部队广泛开展敌后抗日游击战争，开展杀敌立功竞赛。活动在东宝地区的部队粉碎日军“万人扫荡”之后，挺进广九铁路樟木头到平湖路段两侧，展开了打击铁路沿线敌人的斗争，取得了常平、林村等一系列战斗的胜利，大大地鼓舞了抗日军民的斗志。

1944年4月21日，蒋介石亲自密令余汉谋，对东江纵队“应迅速清剿”。余汉谋接到密令后，遂于4月底任命叶敏予为惠淡守备区指挥官，罗懋勋为副指挥官兼政治部主任。

5月，惠淡守备区调集国民党军队独立第九旅、独立第二十旅等部共2000余人，由罗懋勋指挥，对东江纵队发动第三次进攻。国民党军队分东、西两路推进，企图将路东部队压缩至大鹏半岛一隅予以消灭。曾生、尹林平率领惠阳大队、护航大队、港九大队及抗日自卫队，以阵地防御战和地雷战、麻雀战相结合，抗击国民党军队，打退了东、西两路国民党军队的进攻。

在以军事抗击国民党军队的同时，东江纵队政治部发出《告各界同胞书》和《告内战官兵书》，加强政治宣传攻势。

5月11日开始，国民党军队两次调集兵力对路东发动进攻。东江纵队组织港九大队、护航大队、大鹏联防大队、惠阳大队，于11日、16日、22日，分别在径口、坝岗、淡水、良井和淡澳公路打退国民党军队的进攻，全歼王竹青大队一中队，缴获电台1部、弹药一批和粮食1万多斤。国民党军队屡遭打击后，于5月30日撤回淡水固守。至此，国民党军队持续一个月之久的第三次进攻被彻底粉碎，极大地挫败了国民党顽固派军队主力的军事“围剿”，路东抗日根据地也进一步巩固。

## 二、角莫垅全歼日军抢粮队

1945年6月30日，日军为保障部队军需，出动小分队共12人到沙田镇肖屋楼村抢粮后，由集成麻田尾村运送回驻地，在经过角莫垅准备过河时，遭到肖屋、集成两村民兵伏击。战斗打响后，驻沙田鹤山的东江纵队第七支队长安乡常备大队一中队接到报告，当即由指导员彭美带领30名战士前往投入战斗。战场上沙田军民群情激奋，并肩作战，在附近忙活的村民获悉后，纷纷从四面八方赶来，拿锄头的，拿扁担的，拿镰刀的，同仇敌忾四面包围日军。因日军武器装备精良，战斗异常激烈，抗日军民只能远距离包围日军，以消耗日军精力和弹药，持续数小时之久。在与敌激战中，彭美担任前锋，在带领战士绕过敌阵地时，为掩护民兵而暴露，被敌机枪击中，光荣牺牲。军民们目睹彭美牺牲更加愤慨，向日军发起了全面冲锋。

此战全歼日军小分队12人，缴获轻机枪1挺、步枪8支、其他战利品一批，打出了惠阳人民的斗志，大灭日本帝国主义的嚣张气焰，极大地鼓舞了东江人民夺取抗日最后胜利的信心和决心。

# 第六节 建立民主政权 巩固根据地

## 一、东江纵队主持召开国事座谈会

为了更好地贯彻执行抗日民族统一战线政策，巩固和发展抗日根据地，各级抗日民主政府先后召开有各阶层、各党派和无党派人士参加的国事座谈会，共同商讨民主建政。

1944年3月29日至4月1日，东江纵队在惠阳县新圩约场召开东江解放区路东国事座谈会。参加会议的有各界人士代表共350多人，其中包括各阶层各党派及名流学者，有港九地区的代表，也有渔民代表、海员代表、青年妇女代表等。有的人士冒着生命危险，通过敌人的封锁线，冲破国民党顽固派的阻挠，前来参加座谈会。座谈会由尹林平、曾生主持。尹林平代表广东省临委、东江纵队政治部作国际国内形势报告，东江纵队司令部秘书长饶彰风代表东江纵队政治部解释中共提出的东江解放区施政纲领。国事座谈会发扬民主政治，广泛听取和征求各界人士对根据地政权建设、民主政治、土地政策、人民权利、劳资关系、经济建设、文化教育、财政税收等问题的意见和建议。参加座谈会的各界人士代表为中国共产党的热情、诚恳，尊重各界人士、尊重民意的精神所感动。到会代表一致拥护中国共产党在东江抗日根据地所施行的各项方针政策，不仅在原则上赞成而且对如何具体执行也提出了意见。这次座谈会，进一步宣传了中国共产党民主建政的基本思想，坚定了各界人士代表对民主建政的信心，使各界人士对中国共产党的政治主张更加理解，对共产党人更加信赖和尊重。这是东江抗日根据地实行民主建政的开端。

1945年4月中旬，东江纵队第七支队又在惠阳永湖大坑口召开国事座谈会，邀请惠东区的农民，工人，商业、教育各界人士及进步民主知名人士等300多人参加座谈会。座谈会由东江纵队第七支队支队长高健主持，政治委员曾源作《关于当前抗日形势及我们的任务》的报告。与会代表一致赞同成立惠东区行政督导处，同时推举惠东区行政督导处主任、副主任人选。

## 二、路东参议会召开与路东行政委员会成立

1944年秋，在东江纵队取得打击日、伪军和反击国民党军队进攻的一系列战斗胜利之后，路东解放区的民主建政工作也普遍开展起来，在各区、乡自下而上实行民主选举，先后建立6个区抗日民主政权。

1945年4月23日至27日，为了建立路东解放区民主政权，东江纵队政治部在惠阳县麻溪乡召开路东解放区首届参议会。参加会议的有各党派、无党派民主人士、工人、农民、商人和教育界人士代表。东江纵队政治委员尹林平作题为《关于国际国内本区情况分析和中国共产党的主张政策的实行》的报告，东江纵队第二支队支队长叶锋作《路东区军事斗争和建政工作的报告》。大会通过了《东江纵队政治部对于建设惠、东、宝路东区的施政纲领》和《土地租佃条例》。经过民主协商会议，正式选举产生由49名参议员组成的路东参议会、由9名行政委员组成的路东行政委员会。

路东行政委员会成立后，积极开展拥军工作。一是动员参军，动员广大青年踊跃参加东江纵队，参加民兵，使民兵队伍不

断发展壮大，保证部队兵员补充的需要；二是建立交通情报网站，深入日伪内部收集情报，在国民党统治区也设立情报站，或派员进入国民党政权机构，收集日、伪军和国民党军队的情报，提供给部队；三是帮助部队购买武器弹药和运输军粮，建立军械厂，帮助部队修理枪械；四是动员群众组织担架队，为部队运送伤病员，掩护部队治疗、护理伤病员；五是组织群众支援部队，慰劳部队，为部队战士缝制衣服、军鞋，捐献物品、食物；六是发动群众交纳公粮，解决部队的生活给养，保障部队的供给。

路东行政委员会于1946年春完成了自己的历史使命。它成立的时间虽然不长，但对东江地区乃至华南战场的抗日斗争起到很大的作用，它在政权建设方面的成功经验，至今仍有现实意义。

## 三、根据地的经济和文化建设

由于连年战争的破坏，日、伪军和国民党军队及土匪的抢掠，惠宝地区的农业生产遭受严重的破坏。据有关资料统计记载，惠、东、宝抗日前线耕地面积比战前减少7%，谷物产量比战前减少三分之一。尤其是1942年和1943年连续大旱灾，农业失收，百业凋零，致使人民群众生活十分困难，普遍以野菜、树叶、树皮充饥。由于粮食奇缺，“东江粮食日趋昂贵（每斤大米涨至30余元），土匪蜂起，到处抢劫，社会秩序日见纷乱，人心惶惶”，“各地已有民众自发武装抢粮暴动事件发生”，东江抗日游击队“收入极少，经济困难，日感严重威胁”，“数月来粮荒严重，东江人民多吃树叶，凄惨万状”。

面对严重的经济困难，东江抗日根据地各级民主政权成立后，采取一系列措施，领导抗日根据地居民恢复和发展生产。主要措施是：一、鼓励农民开荒扩种，修建桥梁道路，大力发展农副业、渔业和盐业生产；二、组织生产救济会、生产基金会，筹集资金，投放到水利建设中和贷给农民购买耕牛、农具和谷种；三、提倡集体互助，组织变工队，进行“搭牛脚”（指一户农民买不起耕牛，几户人共同购买，饲养一头牛，耕作时轮流使用。这是农民解决因经济困难而造成耕力不足的一种互助办法），解决耕力不足的困难；四、发展小手工业，开办各种生产合作社，如榨油厂、农具厂、炭窑厂等，增加日用品和生产资料的生产；五、开办商业合作社，鼓励商人做生意，促进物资交流。由于采取这些措施，抗日根据地的生产逐步得到恢复。

为了发展经济、克服困难、改善民生、保障部队供给，广东省临委和东江军政委员会作出关于财政工作的决定，制定了发展抗日根据地经济工作的具体方针：一、改善民生，供应部队，防止封建经济抬头，封锁敌人，发展公营生产；二、力求自给，减少人民10%的经济负担；三、发展私营经济，普遍成立生产消费合作社，实行公私兼顾、军民兼顾的发展方针；四、以农业为主，开展水利建设，改良耕作，其次发展手工业，以适应部队及人民需要，再次为发展海产（渔盐业），发展纱业（纺织）；五、发展金融事业，发行生产建设公债和军用券；六、发展合作社，每村、每乡设分社，每区设联合社。

东江抗日根据地各级民主政府根据广东省临委和东江军政委员会制定的方针，领导解放区军民发展生产，成立生产建设总会，负责领导群众发展生产，发行公债，成立生产救济会和生产基金会。路东行政委员会成立路东生产救济会，下设生产办公室，领导各区、乡的生产救济工作。其主要任务是征收、募捐、贷款、购买和运输肥料，帮助农民解决生产上的困难。路东行政委员会发行生产建设公债，筹集生产救济款97万余元，借得谷种5100余斤，贷给农民款项60多万元，受救济的农民达4200多人。路东区还普遍组织变工队，提供农民“搭牛脚”，以解决劳动力和耕力的不足。同时，积极鼓励和组织群众开荒，谁开谁种，谁种谁收，免收田赋税。这一措施，调动了路东解放区农民的积极性，很快在根据地的各区、乡掀起开荒扩种的热潮。

面对严重的经济困难，东江抗日根据地的党政军民响应毛泽东发出的“自己动手，丰衣足食”的号召，掀起了大规模的生产运动。活动于路东解放区的各支队，成立生产劳动委员会，采取有效措施，鼓励生产，增加粮食，改善群众和部队生活。东江纵队第一支队成立了以叶文华为主席的生产劳动委员会，各大队组织生产劳动委员会，各连队选举生产劳动执行委员会。部队生产以改善生活和公私兼顾为原则，支队生产收益的95%归公，5%用于改善生活；大队生产收益的85%归公，15%用于改善生活；连队生产收益的40%归公，60%用于改善生活。生产项目以农业生产为主，包括种田、养猪、养鱼、种麻、种花生、种瓜菜；同时进行军需工业生产，兴办草鞋厂、造纸厂、木工厂、皮革厂、毛巾厂、火柴厂。支队计划耕种土地1320亩，种瓜菜100亩，种花生100亩。为了迅速掀起生产高潮，全军开展生产竞赛活动，以大队为单位，进行一次评比，评出生产模范大队和生产模范连队及生产模范、生产英雄。此外，路东解放区行政委员会为帮助农民解决生产生活上的困难，于1945年夏天成立了以叶锋为会长的生产救济会，其他区、乡也先后组织了生产救济会。

东江抗日根据地的文化事业，是随着根据地巩固发展而发展的。在创建东江抗日根据地的过程中，东江地方组织和惠阳县党组织一直非常重视开展文艺宣传和文化教育工作，在日、伪军和国民党军队重重封锁，战争频繁、物质条件相当困难的情况下，始终坚持发展东江抗日根据地的宣传和文化教育事业，使宣传工作成为团结教育人民，团结各阶层人士，打击敌人的有力武器，为争取敌后抗日游击战争的胜利发挥了重要作用。

在文化教育政策上，东江纵队政治部提出具体措施：第一，积极推动开办学校、识字班、夜校，使所有儿童、青年、妇女都有读书识字的机会，实行普及教育；第二，实施成年普及教育，加强干部教育，推广通俗书报，奖励自由研究，提倡科学知识与文艺运动，欢迎科学艺术人员，保护流亡学生与失学青年，实行公务人员的两小时学习制；第三，在遵守政府法令的原则下，允许任何外国人在本区从事宗教与文化的活动。

为了加强东江抗日根据地文化教育建设，路东行政委员会和惠东区行政督导处及所属各级抗日民主政府都设立文化教育机构，县级民主政府设立文教科，区政府设立文教股，负责开展民众文化教育事业，路东行政委员会新二区政府成立不久，就召开全区文教座谈会，决定坚持办好战时全日制学校，大力发展夜校、识字班。路东行政委员会建立后，在路东各区、乡普遍办起小学，同时还举办夜校、识字班，以扫除文盲，普及文化教育，并对广大群众进行抗日救亡宣传教育，提高民众文化水平和政治觉悟。此外，路东解放区还在惠阳新圩约场建立了颇具规模的联合中学，为抗日根据地培养了一批人才。惠东区行政督导处把战时教育、成人教育和抗日宣传教育结合起来，举办短期教师培训班，彻底改变国民党的那一套教育方法和教学内容，采取适合农村需要的，科学民主和学用一致的教育方法和教学内容，收到很好的效果。

### 四、抗日战争的最后胜利

1945年8月10日，日本政府向同盟国发出乞降照会。

遵照中共中央指示，曾生、尹林平、王作尧、杨康华于8月11日向东江纵队各部队发布紧急命令，要求“各部队长应立即坚决执行此项命令，动员全体军民，开入附近敌占据点，解除日伪武装，维持治安，镇压土匪特务破坏活动，保护人民生命财产，千金一刻，不得稍有疏忽”。

从8月中旬开始，东江纵队各支队分别在东莞、宝安、增城、博罗及海陆丰各地向日、伪军发起进攻，解放宝安县城等大片乡村。

在广九铁路沿线和路东区，第一支队于8月20日收复重镇深圳和常平，伪宝安县县长和县警大队全部投降。8月23日，第二支队收复沙头角。至此，广九线中段和路东区除石龙、樟木头、淡水之外，全部获得解放，路东和路西区连成一片。

在惠东地区，第七支队全体指战员接到纵队司令部受降命令后，支队长高健、政治委员曾源等立即部署，首先在惠阳良井乡召开大规模的庆祝抗战胜利大会，动员广大军民向日、伪军发起进攻。接着，向日、伪军展开政治攻势，进行劝降。同时，集中兵力进行解放稔平半岛的战斗。

稔平半岛是大亚湾的战略要地。日本投降时，稔山、平海、暗街（港口）和大亚湾的三门岛等地均驻有日军和伪军。这些日、伪军据守在稔平半岛拒不投降。第七支队决定以支队的主力解放白花，然后向稔山挺进。支队命令第四大队首先拔除稔山以南暗街、平海的敌人据点，然后配合支队主力夹击日、伪军的重要据点稔山。

8月21日，第七支队第四大队海上中队首先展开解放三门岛的战斗，歼敌10余人，缴获山炮l门、机枪1挺及其他枪支一批。同日，第四大队以破竹之势解放平海、铁涌，俘伪军头目钟明岸及其所部；接着解放暗街，俘伪军“龟龄仔”30多人。随后，第四大队海陆并击，进占稔山南郊的长排，并与海上中队配合封锁范和港。

东江纵队在向日、伪军发起进攻的过程中，对驻有较多日军而又暂时不能攻占的据点，则派出部分主力部队和民兵采取包围之势，同时派出代表与其谈判，迫使日、伪军缴交武器和军用物资。

据不完全统计，东江纵队在这期间向日、伪军的进攻中，共歼日军1个小队，伪军1个营、7个连，日军171人被迫投降；收缴火炮4门，山炮l门，迫击炮4门，小钢炮3门，掷弹筒3支，重机枪28挺，轻机枪46挺，长短枪2441支；解放了宝安和深圳沙头角、西乡、横岗、霄边、厚街、大朗、寮埗、平湖、塘厦、横沥、龙岗、白花、稔山、平海等墟镇及惠东宝、港九、海丰的广大农村，使路东、路西、惠东、海丰解放区连成一片。

# 第五章

## 漫道雄关真如铁　历尽艰辛迎解放

## 第一节 逆境中崛起 坚持自卫斗争

### 一、东江纵队主力北撤后的隐蔽斗争

1945年8月15日，日本天皇裕仁宣布无条件投降。9月2日，日本正式签署投降书，中国人民历时14年的抗日战争胜利结束。

抗战胜利后，国民党为了控制广东，把广东变为支撑全国内战的后方基地，除了原驻守在广东的第五十四军之外，又将赣南的第六十三军第一五二师、第一五三师，第六十五军第一六〇师，驻防广西的第四十六军和第六十四军以及从缅甸归来的新编第一军调入了广东。国民党统治集团图谋利用军事上的绝对优势，以两三个月时间，彻底歼灭广东境内的人民武装。

为了尽量避免内战，就中共武装部队北撤问题，1946年3月底，由美国代表柯夷、国民党代表皮宗阚、中共代表廖承志组成的“三人会议代表团”及东江纵队司令员曾生、政治委员尹林平等以中共华南武装人员代表身份在广州举行谈判。4月2日，“三人会议代表团”达成协议，确定：一、承认华南有中共领导的抗日武装力量；二、双方同意东江纵队北撤2400人，不撤退的复员，发给复员证，政府保证复员人员的生命安全，财产不受侵犯，就业居住自由；三、东江纵队撤到陇海路以北，撤退运输船只由美国提供。

为了加强领导，北撤的部队成立了以曾生为书记，林锵云、

王作尧、杨康华、罗范群、刘田夫、谢斌、谢立全为委员的军政委员会。军政委员会成立后，随即进行了一系列的工作，以保证北撤任务的完成。同时对复员人员作出周密的布置，以确保他们的生命安全。6月24日，北撤部队集结完毕。29日，东江纵队2583名指战员（其中包括珠江纵队89人，韩江纵队47人，南路部队23人，粤中部队105人，桂东南部队1人），在惠阳大鹏湾沙鱼涌（今属深圳市）集结。30日凌晨，北撤军舰起航。7月5日抵达山东烟台，东江纵队终于胜利完成了战略转移任务。

东江纵队的北撤，是为了和平民主基本方针的实现而作出的努力和让步，表现了中国共产党对执行《双十协定》和实现和平民主的决心和诚意，因而得到国内各阶层人士的称赞和拥护。

然而，东江纵队主力北撤之后，面对国民党在军事上、经济上的绝对优势，以及国民党当局的背信弃义，惠阳地方组织和人民武装队伍不得不进入艰难的隐蔽斗争。1946年6月，随着江南地委和海陆惠紫五地委撤销，惠阳范围内党的地方组织也同时撤销。在江南地区以蓝造为特派员、祁烽为副特派员，领导江南地区各县党的工作。惠阳分为东、西、中三个区。这时，留在惠阳及惠紫边境活动的有4个小分队。他们活动于偏僻的边远山区，远离党的领导，不能与地方党员公开联系，原有部队的番号取消，只能以江湖奇侠的面目出现，经受着恶劣环境的严峻考验。

与此同时，惠阳各地区的党组织、抗日民主政权和农抗会受到国民党军的镇压，多祝区委书记马新然，白花蒲田村农抗会会长林玩昌和会员罗元友、罗火先、罗乱等被捕遇害。东江纵队7名伤员，伤愈后复员回乡，途经淡水时被拦截逮捕杀害，并在淡水镇城墙悬首示众。永湖吊沥村复员人员李华刚从部队回乡就被捕并枪杀。三栋乡农会主席李旭被国民党抓去坐牢，被严刑拷打、迫害致死。东江纵队复员人员张云飞，回到家乡镇隆长龙牛仔坑隐蔽，被国民党特务张水生、张金松发现逮捕，押到惠州入狱，受尽酷刑，后越狱脱险，免遭杀害……至1947年初恢复武装斗争前，由于国民党的“清乡”而被捕遇害、牺牲的东江纵队战士、复员人员、农会干部、妇女会会员、民兵干部有数百人之多。其中，仅镇隆乡就有13人。

## 二、金沙布战斗

1946年6月，国民党反动派撕毁国共两党停战协议，置全国人民切身利益于不顾，疯狂发动内战。东江地区局势随着全国内战的爆发而发生了急剧变化。

11月，中共党员丘耀光、丘声平奉广东区党委指示，第一批回江南地区重建武装，恢复武装斗争，负责惠阳县淡水河东区委组织工作，主要任务是开展反“三征”、反内战的宣传活动，清匪肃奸，打击反动武装，建立和发展武工队。1947年1月，为保障部队供给，根据党组织安排，由丘耀光、丘声平等人负责在淡水、平山、白花、牛郎径建立税站收税。同年3月5日晚，河东区委在金沙布革命堡垒户周林森家召开干部会议，因伪保长通匪告密，国民党第八团徐东来部李远青中队200余人由反动乡长叶文带路，分三面包围会场。危急之中，丘耀光、丘声平等立即组织反击。激战中，丘耀光在掩护战友突围时中弹牺牲，丘声平在突围时抢夺敌机枪时中弹牺牲，区委参会干部丘传及其他人员在丘耀光、丘声平的舍身掩护下安全撤离。丘耀光、丘声平牺牲后头颅被国民党反动派割下挂在淡水城墙上示众三天三夜，后为其家乡新桥乡亲秘密取回安葬。

## 三、重建武装开展敌后游击战

在广东区党委作出恢复武装斗争决定的同时，1946年11月底，广东区党委书记尹林平在香港主持召开了江南地区干部会议，决定派遣叶维儒、曾建、李群芳等返回惠阳龙岗等地开展重建武装部队的准备工作。惠阳各地方党组织的负责人和留下坚持武装斗争小分队的负责人叶源、李华、胡施、余清、黄友等先后于1946年12月下旬和1947年1月间，到香港接受恢复武装斗争、重建武装部队的任务。

1947年2月初，蓝造、高固、胡施、叶茵、黄友等分别从香港回到惠阳。蓝造在坪山北岭沙坑围召开干部会议，决定以群众自卫组织维护治安的名义，在江南地区成立惠东宝人民护乡团、惠紫人民自卫队和海陆丰人民自卫队。

惠东宝人民护乡团成立后，紧紧抓住国民党统治区兵力空虚的大好时机，及时开展了声势浩大的反“三征”、破仓分粮、摧毁国民党乡村反动政权、扩大武装队伍等一系列斗争活动。根据广东区党委关于“除了建立一般精干主力外，仍须保持有各种形式的武工队、地方性的不脱离生产的队伍活动，互相配合”的指示，护乡团主要在各区、乡开展以建立武工队为中心任务的斗争活动。重建武装不久后，活动在惠阳西部地区的护乡团第二大队，即由新圩武工队和坪山武工队为基础，组成第一个主力连，在全区开展活动。与此同时，西区要求各乡积极开展活动，动员东江纵队复员人员迅速归队、地方党组织输送进步青年参加武装斗争行列，并建立了淡水武工队、镇隆武工队、欣乐武工队、麻溪武工队、秋长武工队、石马武工队、潼甲乡武工队、同和武工队等。4月，惠阳县委召开扩大会议，组建成立淡平白武工队。各地武工队建立起来之后，机动灵活，神出鬼没，在淡水、平山、白花等地区与国民党反动派展开艰苦卓绝的游击战，配合主力作战，打击乡村反动武装，摧毁反动政权，瓦解敌军，建立农会和民兵组织。

1949年，淡平白武工队和澳万武工队合编为中国人民解放军粤赣湘边纵队二团铁流连，成为解放惠阳全境的一支坚强武装力量。

# 第二节　恢复武装斗争　解放惠阳全境

## 一、中国人民解放军江南支队及第二团医院的建立

国民党反动派为了挽救其全面崩溃的局势，于1947年9月间，派宋子文主政广东，出于消灭华南人民武装力量、“安定华南，支持华北华中，确保华南最后堡垒”的目的，拼凑反动武装力量，扩编保安团队，制订“清剿”计划，设立“清剿”机构。从1947年12月开始，对广东人民武装力量发动所谓的“分区扫荡，重点进攻”的第一期“清剿”。

为了粉碎宋子文对人民武装力量的大规模进攻，中共中央香港分局于1948年2月召开会议，就发展武装斗争、粉碎宋子文的军事“清剿”作出部署。中共江南工委书记蓝造和王鲁明参加会议回到江南地区后，于2月底在坪山召开江南地区干部会议。

为了加强江南地区党组织的领导，统一指挥全区的武装队伍，集结主力以反击国民党的“清剿”，根据中共中央香港分局的决定，成立江南地方委员会（简称“江南地委”）。

在江南地委成立的同时，根据香港分局的指示，江南地区的武装部队进行了统一整编，成立广东人民解放军江南支队（简称“江南支队”）。

江南支队成立后，为保障后勤、抢救伤员，部队组建之初就建立了医院，各连队都配备了卫生员。随着部队的扩大，医务人

员也逐步增加。第二团初设医院时，由叶群负责，后由叶聪慧任院长。初期医院只有医生、护士、采购员、炊事员各一人，随后又增加了一批医务人员。因处于战争环境，特别是1948年夏秋间沙鱼塘、山子下、红花岭战斗后，伤病员骤然增加，医院遇到的困难越来越大。再加上医院是敌人搜捕、“围剿”的目标，因此医院驻地经常变动，三五天或七八天就要转移一次。没有固定的病房，就借用民房；没有病床，伤病员就睡地板，稻草作床垫。医院药物奇缺，只有红药水、阿司匹林、硼酸等。医疗技术水平低，医务人员多数未经过正规训练，都是从连队抽调来的战士。为了克服缺医少药的困难，医院组织医生、护士和全体人员上山采药，用草药给伤员治疗。医务人员除了给伤员治病之外，每人还要轮流为伤病员洗血衣、洗抹身体、护理大小便。在部队医院工作的绝大多数都是妇女，工作的难度可想而知。同志们战胜种种困难，肩负起战场救护和日常医疗保健工作，使部队长期保持旺盛的战斗力。连队卫生员的工作更加艰苦，她们平时要做好连队的卫生防病工作，防止非战斗减员。行军时，为了减轻伤员负担，经常帮伤病员背枪支、弹药和背包，搀扶伤病员跋山涉水；到了宿营地，战士们可以休息，而卫生员还要抓紧时间检查病号，为伤病号端水端饭、煎草药、洗伤口；战场上，卫生员和战士一样冲锋陷阵，并肩战斗，还要舍生忘死地救护伤员，甚至流血牺牲，献出自己的宝贵生命。

## 二、开展春季攻势　建立战略基地

江南支队成立后，国民党加大了“进剿”力度。为了粉碎国民党广东军事当局的进攻阴谋，建立海陆惠紫五战略基地，粤赣湘边区党委决定在东江南线和北线展开春季攻势，要求东江第一支队和东江第二支队第四团配合，开辟海陆惠紫五边区，与东江北线部队取得战略协同，同时对敌发动进攻，“有配合，有策应，有准备，有计划”地打击敌人，夺取据点，占领中、小墟镇和广大农村，逐步形成包围城市的态势，为建立大块战略基地扫清障碍，打下基础。

粤赣湘边纵队东江第一支队立即从各团抽调兵力，组建东江第一支队第七团和第八团。第七团活动于惠阳东部的安墩、新庵、高潭、宝口等8个乡和紫金蓝塘以东的7个乡及五华的登峯、华阳等地；第八团活动于多祝之西、惠淡河和澳头公路之东、东江河以南、稔平半岛之北一带地区。第七团、第八团组建后，立即与东江第一支队其他团及东江第二支队第四团一起，在江南地区展开了声势浩大的春季攻势。

东江第一支队第二团及第三团、第八团，早在1948年底，由支队副政治委员祁烽、政治部主任刘宣、参谋长曾建率领，在平原地区展开攻势，向惠阳坪山、龙岗、淡水等地进击，以求平原根据地的巩固。12月28日，第二团、第三团联合作战，由李群芳指挥袭击龙岗，全歼国民党自卫队，缴获长短枪50多支，俘国民党军队连长以下官兵50余人；接着于29日包围镇隆，歼井龙来援之国民党保安第八团2个排40余人，缴获步枪40多支。31日凌晨2时，第二团、第三团、第八团从新圩出发，强攻淡水；国民党淡水自卫队由队长陈发带领阵前起义。晚上8时，东江第一支队乘胜出击，攻打淡水的另两个据点美达楼和梁屋。梁屋之国民党军队被迅速歼灭，俘国民党军队100多人，缴获机枪3挺、长短枪100多支，而美达楼之敌据守顽抗，攻至次日凌晨2时，因建筑物坚固而未克，这时国民党军队外围多路兵力赶往增援，为避免过大伤亡，东江第一支队乃撤出战斗。

1949年2月下旬，东江第一支队第二团在第三团、第八团返回各自活动地区之后，旋即进入潼湖，继续伺机打击敌人，拔除据点，开辟新区。第二团及所属武工队在惠州外围和潼湖地区频频出击，拔除敌乡村据点，先后解放坪山、坑梓、约场、新圩、镇隆、王母圩等地，使路东解放区连成一片，与海陆惠紫五战略基地的开辟取得战略协同。

至4月初，东江南线春季攻势取得胜利，使惠东宝游击根据地进一步巩固，同时开辟了惠阳河东区及稔平半岛新区，解放了陆丰河田和紫金、五华的大部分乡村，从而沟通了江南与九连之间的联系，海陆惠紫五战略基地初步形成，为建立大块战略基地、配合解放军南下解放广东创造了条件。

## 三、策反工作的开展

在人民解放战争取得节节胜利的同时，中共中央对国民党反动派及其残存的军队展开了强大的政治攻势，发表了一系列声明文告，公开表明中国共产党的有关方针政策，以进一步促使国民党势力的分化瓦解。粤赣湘边区党委和江南地委也先后发出指示，要求各地展开政治攻势，瓦解和分化敌军。

为了分化瓦解敌人，江南地委早就利用地方党组织和潜入国民党军政机关的秘密工作人员以及各地方进步人士开展策反工作，先后争取严忠英、李亚胆等人率部起义，为分化瓦解敌人、展开政治攻势取得成功的经验。

淡水是惠阳的一个重镇，国民党在此设立惠宝联防“剿匪”办事处，由反动分子、国民党上校朱项筑任主任兼镇长。淡水镇为国民党东江当局之重要军事据点，长期都以重兵把守。为掌握敌之政治、军事情报，恢复武装斗争不久，惠东宝人民护乡团第二大队就与抗日战争时期潜入淡水的情报人员取得了联系，在淡水镇内建立秘密情报站，并派共产党员詹文枢、黄生、黄光等人潜入国民党淡水镇政府、自卫队内长期开展情报和策反工作。淡水镇自卫队有100多人，装备较好，实力较强，常常追随保安团袭击江南支队所属部队和游击区税站，对江南支队第二团及税站活动颇具威胁。为了瓦解淡水自卫队，监控国民党淡水镇政府，掌握敌情，开展对敌斗争，江南支队第二团指示情报人员，首先布置开明人士陈演参加镇长竞选，夺取淡水镇的领导权。1948年6月，陈演当选淡水镇镇长，掌握淡水镇政权后，又发动群众，搜集朱项筑胡作非为的罪状，向国民党惠州行政专员公署和军事法庭提出控告。结果，朱项筑被判处有期徒刑三年，惠宝联防“剿匪”办事处随之垮台，策动淡水自卫队起义的障碍完全扫除。

为进行策反工作，江南支队第二团派共产党员黄生潜入自卫队当便衣队员。因黄生是自卫队副官戴伟光的表弟，故淡水自卫队队长陈发对黄生深信不疑。陈演、黄生经常启发开导陈发，指出国民党统治大势已去，若不选择弃暗投明的道路，必将成为人民的千古罪人。陈发终于觉悟，认清了形势，选择了起义的道路。国民党东江当局察觉陈发有异动后，国民党广东保安第八团团长徐东来即派兵前来“围剿”。江南支队接此情报后，立即派支队政治部主任刘宣、第二团政治处副主任潘崇进入淡水黄岭村，召开紧急会议，商讨接应起义事宜。12月31日，江南支队派第二团、第三团前往淡水接应，并攻克淡水梁屋敌据点。陈发率自卫队100多人，携机枪6挺、手提机枪1支、长短枪100多支、子弹10000多发起义。随后，陈发起义部队改编为粤赣湘边纵队东江第一支队第二团第一大队，陈振强任大队长，陈演、陈发任副大队长。

1949年5月下旬，在中国共产党政策的感召下，李奇和黄精华率部弃暗投明，在惠州相继起义，加入人民解放军行列。

李奇所率的机枪连，是国民党广东保安第三师的一个连，连队驻守惠州。4月下旬，人民解放军渡江后，势如破竹地向长江以南地区进军，国民党“隔江而治”的梦想彻底破灭，国民党统治彻底覆灭已成定局。5月，李奇闻报人民解放军已占领南京，立即决定率部起义，遂派李端岳到东江第一支队第八团联系起义事宜。不日，李奇连内传出风声，说其要投靠游击队。国民党保安团得知此情况后，立即派来“指导员”，对李奇连进行监督控制。李奇深恐事泄，随即与李端岳化装出城，在马安与武工队队长杨志谦接头后，一起到第八团团部见罗欧锋和潘崇，商定起义时间、地点。罗欧锋则派护航大队政治委员方法和方振光前往协助做好接应工作。24日凌晨，李奇率所部抵达第八团活动范围惠淡河边，罗欧锋派邱特辉中队前来接应，起义大功告成。

陈发、李奇、黄精华、文挺彬等部起义，是中共江南地委及惠阳党组织策反工作的胜利，同时也是他们审时度势，弃暗投明的壮举。这些部队的起义，壮大了惠阳人民武装力量，促进了形势的发展，为惠阳全境的解放，为东江人民解放事业作出贡献。

### 四、配合南下部队解放惠阳全境

1948年冬，辽沈战役结束后，淮海、平津战役接着进行。国民党军队的主力已基本被消灭，人民解放战争在全国的胜利已成定局。在广东，宋子文组织的两期“清剿”相继失败后，再也无力组织较具规模的“清剿”了。宋子文也不得不在蒋介石“引退”后的第三天逃往香港，由余汉谋接任广州绥靖公署主任，薛岳接任广东省政府主席兼保安司令。余汉谋、薛岳到任后，虽然试图作最后挣扎，但“即使有了枪也没有钱，有了钱也没有人，有了人也没有时间”。而在广东乃至整个华南地区，人民游击战争迅速发展，队伍不断扩大。江南地区党组织领导人民武装队伍开展游击战争，在惠阳广大人民群众的踊跃支持配合下，取得惠阳战略区域内的沙鱼涌、山子下、红花岭、铁马关、多祝墟等战斗的重大胜利，消灭了敌人的有生力量，彻底粉碎了国民党军队的“清剿”，不但巩固了以惠阳坪山为中心的惠东宝沿海根据地，而且坚持和扩大了平原根据地。

1949年1月1日，粤赣湘边纵队、闽粤赣边纵队和桂滇黔边纵队联合发表宣言，中国人民解放军粤赣湘边纵队宣告正式成立。

1949年7—8月间，人民解放军粉碎了国民党的所谓“华中局部反攻计划”之后，几路大军神速南下，直逼湘、赣。国民党妄图以广东为基地，以衡（阳）宝（庆）作为负隅顽抗的枢纽，依托湘水、资水和粤北五岭天险，设置两道防线，阻止野战军主力南下。而广东的余汉谋、欧震则将其所部约20万人的兵力，重点布防于粤汉铁路广州至曲江一线，企图在广东作最后的挣扎。

为迅速彻底地消灭国民党的残余势力，解放全广东，解放全华南，8月1日中共中央决定组成以叶剑英为第一书记的新的中共中央华南分局，并确定由第二野战军第四兵团和第四野战军第十五兵团组成独立兵团，由叶剑英、陈赓统率，进军华南，担负解放广东全境的任务，以实现从南面包围和配合歼灭白崇禧集团的战略计划。

8月，第四兵团和第十五兵团神速南下，于14日解放赣州。此时，由曾生、雷经天率领的中国人民解放军两广纵队也奉命于湖北浠水横渡长江，进入赣州地区待命，准备参加解放广东的战斗。

为了切实做好迎接野战军入粤作战的准备工作，中共中央华南分局早于7月22日就发出指示，要求各地党委“加紧准备迎接大军南下的工作”，指出野战军南下作战在即，必须“动员全党与人民群众”，认真做好各方面的准备工作，“要健全区、乡政权，以便将群众编整为运输、担架、侦察、交通宣传、慰劳的各种参战队伍，临时得以有组织的调动”。

粤赣湘边区党委发出《做好准备工作迎接大军解放的指

示》。根据华南分局和粤赣湘边区党委的指示精神，江南地委对迎军支前工作很早就作出部署。8月10日，江南地委发出“配合南下大军，紧急动员，发动热烈的大规模的支前运动”的指示。

为了确保迎军支前工作的顺利开展，各级党组织和人民政府都成立了支前领导机构。粤赣湘边区党委成立了以梁威林为司令员、刘宣为副司令员的东江支前司令部。东江第一行政督导处（江南）设立迎军支前工作委员会，以刘宣为主任。惠阳县成立了以王舒为主任的支前工作委员会，惠东县成立了以高固为主任的支前委员会。各区也设立支前工作委员会，乡设立支前指挥所，村设立支前指挥员。各地动员年龄18至45岁的男子和年龄20至40岁的妇女报名填表、编队，参加支前工作队；村设支前中队，乡设大队，县设总队。各级支前领导机构均由党政主要领导组成，实行一元化领导。

随着南下野战军的到来，惠阳各界群众在各级党组织的发动组织下，掀起了迎军支前的高潮。

为了保证野战军作战所需的粮食，粤赣湘边区党委发出征粮15万担的号召，要求江南地区征粮5万担。这一号召得到惠阳人民群众的热烈响应。尽管人民群众屡屡遭受国民党军的抢掠，生活十分困难，但群众宁愿以杂粮充饥，而将主粮交出来，支援野战军入粤作战。惠阳、惠东两县人民群众缴交公粮，捐献迎军食品、物资十分踊跃，筹集公粮18万担，大大超过了征收公粮2万担的任务。仅据永湖、淡水等20多个乡统计，共出动战勤人员24900多名，筹备柴草94万斤。同时还组织数万名民工，分段包干，抢修淡水至平山、淡水至镇隆、淡水至龙岗等公路。镇隆乡支前工作尤为出色。在“交清公粮、完成债券、修好公路迎大军，争取做个支前模范”的口号推动下，镇隆乡各村设立支前指挥员，组织战勤队、运输队，抢修惠龙、惠淡线镇隆路段，保证军事运输畅通无阻。全乡各村积极征收储备粮食和草料，保证过境大军粮食供给。大坪、莲湖、皇后等村筹集支前粮食2000余担，皇后村发动妇女筹集稻草1200多担、木柴500多担，组织18名妇女将柴草送到陈江公路旁待运。岗头、陂塘角、高田、沙堆等村共筹粮1000多担。仅沙堆村就筹粮4万多斤、柴草1万多斤，并派出10余名民工组成运输队，随军运送弹药、物资至广州、中山等地，为时半年之久。沙堆村被惠阳县人民政府评为“迎军支前模范村”。

惠阳人民群众在党组织和各乡人民政府的发动组织下，出色地完成迎军支前任务，为解放东江乃至广东全境作出了贡献。

在开展规模空前的迎军支前工作的同时，活动在惠阳、惠东和惠紫边区的人民武装，配合粤赣湘边纵队主力，展开了扫除残敌，解放惠阳全境、东江全境的军事活动。

1949年9月，东江第一支队主力从陆丰转入惠阳、宝安地区，9月下旬扫清淡水周边残敌，10月10日解放多祝，12日解放平山，13日解放淡水。15日清晨，东江第一支队新编独立第三营由司令员蓝造率领从淡水出发，15日下午开进惠州城，粤东重镇惠州宣告解放。16日，两广纵队第二师和粤赣湘边纵队独立第二团进抵惠州。随后，成立由蓝造、杨钧、罗欧锋、王泳、黄彬、李少霖、周权、容克、戴文组成的惠州军事管制委员会，蓝造为主任，对惠州实行军事管制。10月20日，粤赣湘边纵队独立第二团奉命进驻惠州，组成惠州警备司令部，以曾建为司令员，林镜秋为副司令员，担负惠州的警备任务。

1950年1月6日，东江第一支队新编独立第三营配合两广纵队第二师第四团，解放惠阳县大亚湾三门岛，歼敌团长梁广兴以下官兵286人，缴获迫击炮2门、轻重机枪9挺、长短枪255支。至此，惠阳县全境解放。

在中国共产党的领导下，惠阳县党组织从无到有，从小到大，带领人民群众同帝国主义、封建主义和官僚资本主义进行了长期的浴血奋战，终于迎来了革命的胜利，迎来了人民的彻底翻身和解放。从此，惠阳人民与全国各族人民一道，走向一个和平、民主、自由、幸福的新时代。

# 第六章

## 边城迎日出　万众庆翻身

## 第一节 彩笔绘蓝图　建设新惠阳

### 一、抚平战争创伤　探索发展道路

1949年10月1日，北京天安门城楼上，毛主席向全世界宣告：中华人民共和国中央人民政府成立了！

在中国进行社会主义建设，是前无古人的事业。历史赋予中国共产党和中国人民的光荣而艰巨的使命是：坚持马克思主义的基本原理同中国实际相结合，走自己的路，探索中国自己的社会主义建设道路。新中国成立之初，旧社会留给中国的是现代战争百孔千疮、百废待兴的烂摊子。从新中国成立之初至改革开放前的29年间，同全国人民一样，惠阳人民走过了一条艰苦创业、曲折坎坷的发展道路。

#### （一）国民经济恢复和社会主义改造时期（1949—1956）

1949年至1952年的经济恢复时期，惠阳依靠群众扫除了生产上的各种障碍，克服中华人民共和国成立初期的重重困难，促进了工业恢复性发展。

1956年惠阳完成对资本主义工商企业的社会主义改造，工业从此变成了单一的社会主义所有制。

1956年工业总产值639.7万元（按1952年不变价计算），工业系统职工总人数1381人；手工业企业（社、组）165家，产值

576万元，从业人数5550人。

1949—1952年为农业生产恢复期，经过农村土地改革，广大农民分到了祖祖辈辈企盼的土地，在自己的土地上从事耕作，生产积极性空前高涨，农村经济得到恢复。至1952年粮食总产量9.12万吨，比1949年增长30.29%，农村人均粮食达到282千克。

### （二）社会主义建设时期（1957—1965）

1958年，第二个五年计划开始实施，全面贯彻了中共八大二次会议提出的“鼓足干劲、力争上游、多快好省地建设社会主义”的总路线，并全面展开了轰轰烈烈的“大跃进”运动。惠阳实行全民办工业，重点发展钢铁、机械、化工、建材、水泥等基础工业，以及一些支农项目。至1964年国营工业企业发展到约60家，产值2720万元，公私合营企业30家，产值489.1万元。

这一时期开始的“大跃进”运动，阻碍了农业的发展，导致农业生产发展缓慢。1957年，粮食面积128.39万亩，亩产87千克，总产11.2万吨，比1949年亩产增加13千克，增长17.6%。“大跃进”时期，农业减产。1961—1965年为调整时期，在这一时期国家对国民经济实行“调整、巩固、充实、提高”的八字方针，极大地调动了农民的生产积极性，农业生产出现了欣欣向荣的景象。1965年，全县粮食面积97万多亩，亩产130千克，总产12.6万吨，分别比1957年增加了43千克和1.4万吨，分别增长49.4%和12.5%。

### （三）“文化大革命”时期（1966—1976）

1966年5月，“文化大革命”正式发动，县委、县政府等指挥系统处于瘫痪和半瘫痪状态，大部分国营工业企业被造反派夺权，生产几乎停顿。到1971年开始，全国范围掀起“工业学大庆”“农业学大寨”热潮，排除了“左”的路线干扰，大力开展整顿劳动纪律，人民群众发扬自力更生、艰苦奋斗的精神，使全区的工业总产值逐年增加，到1976年，全区工业总产值3650.8万元（按1970年不变价计算）。农业生产方面，由于广大农村受“左”的错误路线干扰，大砍所谓“资本主义”尾巴，农民生产积极性不高，导致农业生产发展缓慢。

## 二、改革开放30年　成就瞩目信心增

1978年，中共十一届三中全会胜利召开，神州大地吹响改革开放的号角。改革开放30年间，惠阳经历了1990年县城南迁淡水、1994年撤县设市、2003年撤市设区的发展历程，实现了从贫穷到温饱再到小康的历史跨越。惠阳人民在历届党委、政府的带领下，坚持解放思想、艰苦奋斗、锐意改革、励精图治，取得了物质文明、法治文明、精神文明、生态文明建设成果累累的辉煌成就。

### （一）工业走过了从无到有、从小到大的历程，成为惠阳经济的有力支撑

1976年前，惠阳整个工业体系几乎一片空白。1978年中共十一届三中全会召开后，惠阳逐步由传统的农业生产和手工业集体经济开始走向工业化和产业化的道路。到2008年7月，惠阳基本形成电子制造业、文教体育用品制造业、皮革及其制品业、金属制品业、纺织及服装业等五大工业体系。联想科技、东威电子、中建通讯、东亚电子、科惠电路、东美音响、东芯电子、东弘电子、科惠工业科技等一大批电子骨干企业脱颖而出，大大增强了工业的整体实力，在全区经济乃至全市经济中的地位举足轻重。

随着“三资”企业和“三来一补”企业逐渐增多，惠阳工

业行业结构发生了新的变化。到2008年，惠阳工业遍布30多个行业，如工艺美术品制造、工艺陶瓷、玩具制造、服装制造、饮料和啤酒制造、鞋材皮革制造、家具制造、文教体育用品制造、电器机械及器材制造、电子及通信设备制造等。产值超亿元的行业有17个，产值超5亿元的有皮革制造、文教体育用品制造、电器机械制造、电子及通信设备制造等4个行业，其中电子及通信设备制造业产值为15.11亿元，居全惠州行业之首。进入新世纪，集约化、园区化发展工业的理念成为全区上下的共识。2007年，惠阳规模以上工业五大行业增加值27.52亿元，其中电子行业增加值15.47亿元，分别占规模以上工业增加值的71.7%和40.3%。

中共十七大以后，惠阳更加注重发展方式快速转变，更加注重经济质量稳步提升，坚持先进制造业和现代服务业“双轮”驱动。到2011年底，全区实现生产总值217.05亿元，同比（下同）增长16.5%；工业总产值396.39亿元，增长25%；区本级税收总额30.71亿元，增长27.3%；财政总收入25.79亿元，增长27.8%，其中一般预算收入18.1亿元，增长30.2%。

### （二）对外贸易取得长足发展，初步形成外向型经济格局

改革开放后，惠阳实施“外向带动”的战略，利用外资从1979年引进第一家“三来一补”企业开始，到2008年7月，全区有外资企业968家，共提供13.51万个就业机会。实际利用外资33.3亿美元。引进的项目由原来单一简单加工业向第一、第二、第三产业方向拓展，项目类型也从开始的劳动密集型发展到资金、技术密集型，从只有五金、塑胶行业到现在的电子、机械、服装、皮革、纺织、制衣、化工、家具制造、房地产、种养业等20多个行业，并以电子、机械为主要行业。“十一五”期间，外贸出口总额20.68亿美元，年均增长13.8%。

### （三）新农村建设蒸蒸日上，农民增收明显

改革开放后，在国家一系列方针政策指引下，惠阳农村经济和社会发展有了质的飞跃。在农业发展“一靠政策、二靠科技、三靠投入”政策的指导下，农村经济呈现出快速、健康的发展态势。2007年农民人均收入达6365元，是1978年的39.5倍。具体体现在：一是大力调整农业结构，发展“三高”农业。到2008年6月，全区利用外资兴办“三高”农业项目48宗，开发利用土地面积1.26万亩，投资金额5600万元。到2007年，农作物良种的覆盖率达95%以上，粮食和经济作物比重为42：58，初步形成镇隆荔枝、永湖花卉、沙田柑橘和良井、平潭蔬菜、优质稻等具有特色的区域性种植基地。二是推动农业产业化经营。通过不断改善农业基础设施建设，推进农业产业化进程。到2011年，全区建成万亩现代农业生产基地7个，培育农业龙头企业14家、农民专业合作组织52个。

### （四）民营经济活力旺盛，推动第三产业迅速发展

在“十一五”期间，惠阳因势利导，重新对红色革命文化、客家文化、华侨文化、绿色生态文化等资源进行了整合，形成了红色旅游（叶挺纪念馆、叶挺故居、育英楼、惠阳苏维埃政府旧址等）、绿色旅游（沙田梅园、惠阳温泉、永湖金果湾、新圩白云嶂）、蓝色旅游（大亚湾海滨游乐场、东升渔村、大甲岛、三门岛）、民俗旅游（崇林世居、碧滟楼、会龙楼等客家围屋）等4条黄金线路。到2008年，惠阳旅游业已形成以淡水为核心的商务旅游为主，休闲、度假、观光为辅的产业体系。

惠阳第三产业发展，有民营经济的重要贡献。1978年之后，惠阳个体经济有了新的活力和发展。经过30年的发展，惠阳个体

私营经济成为经济增长的重要力量。到2008年，惠阳民营科技企业50多家，其中省民科企业10家。这些民科企业涉及电子、生物科技、保健品、特殊化妆品等多个领域。

### （五）城市化建设突飞猛进

1990年3月，惠阳县政府迁至淡水后，惠阳城市化建设随之突飞猛进。1994年5月，惠阳撤县设市，淡水城区扩大到20多平方千米，城市人口增长到近20万人。随着2003年6月惠阳撤市设区成为惠州整体城市规划区内的三个中心城区之一后，惠阳不断加大市政建设的力度，相继完成了惠澳大道、惠南大道惠阳段、新秋公路及城区主干道白云路、长安路、人民路、万顺路、承修路、开城大道、东华大道、金惠大道、北环路、永兴路等道路及淡水铁桥、人民桥、东门桥的建设和改造。市政广场、大剧院、图书馆、档案馆、体育馆、文化体育公园、青少年宫、老年人活动中心等相继建成使用。市政功能日臻完善，到2008年，惠阳的城镇化水平接近80%。

### （六）生态环境日趋好转

改革开放以后，惠阳确立了“生态立区、环境优区”的工作思路，先后实施了绿色生态惠阳建设工程，有效提高了全区林业生态建设水平。到2008年，全区林业用地面积为65.64万亩，其中省级生态公益林为22.38万亩，商品林面积为43.26万亩；有林地面积为61.64万亩，占全区林业用地面积的93.9%；全区林地绿化率为95.8%，比1975年的60.9%提高了34.9个百分点；森林覆盖率为46.8%，比1975年的33%提高了13.8个百分点。2007年被授予“广东省林业生态区”称号。

### （七）民生发展质量逐步提高

2010年底获得“全国推进义务教育均衡发展工作先进地区”等称号，成为惠州乃至全省统筹城乡教育均衡发展的排头兵。

2006年10月，全区102个农村卫生站全面建成，基本实现“小病不出村”的目标。“十一五”期间，区疾控中心、妇儿中心大楼建成使用。2003年，全面实施新型农村合作医疗制度，参合人数从2003年的3.2万人增加到2008年的19万人，参合率从17.8%上升到100%，新型农村合作医疗覆盖所有镇村，受益农民达到16573人次，涉及金额2869.4万元。到2011年，城乡居民基本医疗保险和新型农村养老保险实现全覆盖。2010年惠阳率先在全市实现城乡低保统一标准，实现了应保尽保。

### （八）不断加大对民生社会事业的投入，统筹城乡发展水平逐步提高

中共十七大以后，惠阳不断加大对民生社会事业的投入，统筹城乡发展水平逐步提高。区级财政每年新增财力的70%用于新农村建设，“十一五”期间，全区完成农村饮水安全工程22宗，建成农村客运候车亭114个，率先在全市实现村道硬底化、村村通公交和一村一环卫队，农村生产生活条件持续改善。文体事业蓬勃发展，2008年8月，按国家二级馆标准设计的区文化馆新馆挂牌启用。2010年，全区所有镇街综合文化站、农家书屋、农村电影放映工程、广播电视村村通等文化惠民工程实现全覆盖。实现农民体育健身工程全覆盖，成功创建“广东省实施《南粤锦绣工程》文化先进区”和“广东省体育先进区”。秋长被评为“广东省历史文化名镇”。区文化馆获评“国家一级馆”，淡水文化站获评“省特级文化站”，沙田等4个文化站获评“省级文化站”，

全区112项文化遗产列入第三次全国文物普查不可移动文物名录。

## 三、直挂云帆济沧海　长空万里会有时

党的十八大以来，惠阳区认真贯彻落实中共十八大和十八届历次全会精神，全面贯彻中共十九大精神，以习近平新时代中国特色社会主义思想为指导，深入贯彻习近平总书记对广东重要指示批示精神，统筹推进“五位一体”总体布局，协调推进“四个全面”战略布局，积极践行“创新、协调、绿色、开放、共享”五大发展理念，坚持稳中求进、好中求快、改革创新、率先跨越，全面开启“统筹城乡协调发展示范区”建设的新征程，推动经济社会发展迈上新台阶。

惠阳区树立产业兴区、工业强区理念，坚持把发展经济的着力点放在实体经济上，推动经济总量不断壮大、产业不断升级、结构更加合理，三次产业结构由2011年的4.4：52.4：43.2调整为2017年的3.2：54.0：42.8。

### （一）主导产业逐步壮大

2017年全区规模以上工业总产值突破1000亿元大关，其中电子信息产业产值600亿元，以伯恩为龙头的智能硬件支柱产业初具规模。秋长吉他小镇吉他产量占全国60%以上，鸿海精细化工园入园精细化工企业67家，沙田东部工业园落户精密模具和先进制造业企业40家。先进制造业增加值171.72亿元（2011年为47.79亿元），高新技术制造业增加值158.6亿元（2011年为37.8亿元），占规模以上工业增加值比重分别达64.4%和59.4%。

### （二）企业成长总体较快

2017年对比2011年末，全区新增百亿元企业1家，十亿元以

上企业新增5家达10家，亿元以上企业新增69家达143家，规模以上工业企业数量是2011年的2.05倍；累计完成“个转企”362家、“小升规”240家；上市企业实现零的突破，2017年，有上市企业和新三板挂牌企业10家。

### （三）发展质量持续提升

惠阳充分利用良好的区位优势，紧紧抓住深圳东进的战略机遇，加大产业项目和创新要素的引进培育力度，努力推动经济高质量发展。一般公共预算收入占地区生产总值比重从2011年的8.12%逐步增加到2018年上半年的10.27%（其中2017年为9.6%），税收收入占一般公共预算收入比重从2014年的63.75%逐步增加到2018年上半年的82.19%（其中2017年为74.03%），为今后一个时期稳增长提供新动能。

### （四）创新活力有所增强

惠阳区高新技术企业的拥有量由2011年的11家增加至96家。引进全国知名科技企业孵化器创客邦，建成科技孵化器4家、众创空间2家，孵化面积4万平方米。实现年产值5亿元以上企业研发机构全覆盖。到2017年，专利申请总量和发明专利申请量均大幅度上升；对比2011年底，专利申请量、授权量分别年均增长58.8%、52%。2016年以来新增机器人2351台（套）。

### （五）现代服务业跨越发展

叶挺将军纪念园、海天堂分别获评国家4A级和国家3A级旅游景区，碧桂园·润杨溪谷温泉酒店建成营业，安博、嘉民、苏宁等一批知名物流项目落户建设，家乐福、永旺、天虹等零售巨头先后入驻。到2017年底，全区银行业金融机构达16家。服务业增加值占地区生产总值比重提升至44.1%。

### （六）乡村振兴战略全面铺开

以实施乡村振兴战略为契机，以农业科技创新、休闲旅游引领现代农业发展，“一村一品”特色农业逐渐壮大，培育了一批农业现代化企业、专业合作社和名牌农产品。“镇隆荔枝”获国家农产品地理标志登记保护，四季绿公司成为农业产业化国家重点龙头企业。全区累计发展农业龙头企业40家（国家级1家、省级2家、市级12家），发展农民合作社215家，培育家庭农场17家，获得三品认证企业34家，获得惠州农产品质量安全信用评级A级企业（合作社）60家，建立省级名特优新体验馆4个，建立高标准基本农田1.59万亩。

### （七）构建立体交通体系

2015年2月5日，惠州机场成功复航，开通航线27条，年旅客吞吐量突破130万人次。2013年12月，厦深高铁惠州南站建成投入使用；2017年1月，厦深铁路深圳至惠阳捷运化列车开通，2017年经停惠州南站的列车139列，直通30多个城市。惠大高速建成通车，惠盐高速改扩建工程完工；2012年以来改扩建国道32.6千米、省道56.5千米、县道36.5千米。立体化交通体系基本形成。农村公路总通车里程达1850千米，实现全区102个行政村客运服务全覆盖。获评首批“四好农村路”全国示范县（区）。

### （八）社会保障水平显著提升

坚持每年将新增财力的70%以上用于保障和改善民生，每年办好十件民生实事，社会保障水平显著提升。城乡居民可支配收入基本实现翻番，由2011年末的17476元增长至2017年的34246

元。城乡居民社会养老保险和医疗保险实现全覆盖，低保、五保和城镇“三无”人员供养标准由2011年末的每人每月300元、450元、0元（2011年无该项指标）分别提高至800元、1280元、1750元。

### （九）精准脱贫成效显著

惠阳区没有省、市级贫困人口和贫困村，结合实际，自定农村人均可支配收入5000元以下为区级建档立卡贫困户，安排区直单位定人、定责进行一对一结对帮扶。2016年，全区无劳动能力贫困户2346户4611人全部实现社会保障兜底脱贫；2017年，全区有劳动能力贫困户60户239人每人每年增收4250余元，全部实现脱贫。为防止因病返贫，利用社会捐赠资金为贫困人口购买综合保险“扶贫保”。对集体经济收入低于10万元的经济薄弱村，区财政给予差额补贴。2013年以来累计投入泥砖房改造补助资金2529万元，新增公共租赁住房3350套。

## 四、继承传统接好班　整理行装再出发

自改革开放以来，特别是中共十八大以后，惠阳区党委、政府越来越重视革命老区的建设和发展，把扶持老区、关爱老区，让老区群众早日脱贫致富，摆上党和政府的重要议事日程，措施得力，效果明显。

位于平潭镇的惠州机场，于2017年动工改造，计划建成千万级新干线机场，加快推动惠州平潭的经济发展，同时也促进周边河源、汕尾等市的发展。

在配合推进惠州千万级新干线机场扩建的同时，积极完善广汕客运惠州段、河惠莞高速平潭段、深汕高速改扩建和惠阳西互等省、市重大交通项目，道路周边的新圩、镇隆、秋长三个革命

老区镇（街道）实现与深圳的龙岗、坪山和东莞的桥头、樟木头互联互通，促进经济发展。

值得一提的是，良井霞角村入选广东改革开放示范村，惠阳蔬菜产业园入选省级现代农业生产园，四季绿农业观光园、亚维浓生态园、镇隆荔景山庄成为省级休闲农业示范点。

惠阳区经历1990年的县城搬迁、1994年的撤县设市、2003年的撤市设区的发展历程，老区人民的生活越来越好，老区群众自豪地说，30多年来，我们没有躺在过去的功劳簿上睡大觉，而是同全区人民群众一道艰苦奋斗、攻坚克难。今后惠阳区人民将继续再接再厉，自力更生，砥砺前行，为实现中华民族的伟大复兴，高举红旗，阔步前进！

## 第二节 化茧成蝶大亚湾　日新月异石化城

大亚湾区走过的发展道路并非一帆风顺，既有早期的披荆斩棘、蹒跚起步，也有中期的盲目乐观、迷惘探索，更有痛苦过后的化茧成蝶、迅速发展。

### 一、蹒跚起步　探索发展

规划区管委会成立后，根据市政府制定的《惠州市大亚湾规划区总体规划》，对规划区内各项建设和用地实行统一规划、综合开发、配套建设，并投入大量资金，大力发展工业、港口业、旅游业和其他配套工业，一举奠定了两个基础：一是市政设施和港口发展基础。建成了新澳大道、澳霞公路、淡澳大道等一批等级公路，建成了惠州港和澳头港，完成了马鞭洲广石化原油码头及输油管线工程的开工建设。二是经济发展基础。1993年，全区地区生产总值增长14.5%，工业总产值增长21.1%，财政收入增长163%，达到9538万元，完成固定资产投资12.5亿元。

然而，也正是在这一经济过热时期，国家实行银根紧缩的宏观调控政策，开发区建设遭受严重冲击，招商引资陷入困境，在建项目停工，经济结构畸形发展，固定资产投资从1993年的12.5亿元降至1995年的539万元，地方财政收入从1993年9538万元的高峰跌入1995年2150万元的低谷，港口吞吐量由1994年的88万吨降至1995年的46万吨。

在困难面前，区委、管委会没有退缩，而是积极调整心态，充分认识中小型工业的基础性和源头性作用，改进策略，提出了“搞活贸易求生存，创办实业求发展”的思路，在继续做好大项目协调服务工作的同时，积极发展中小型工业，为经济的再次腾飞夯实基础。1995年，光弘科技入驻当时的响水河工业区，大亚湾的发展再次看到了曙光和希望。1997年，曾经一度虚弱的“泡沫经济”终于得到了改善：地区生产总值比增17.2%；地方财政收入比增42.3%；工业总产值比增17.3%；实际利用外资突破1亿美元大关；外贸出口总额增长81.0%；港口吞吐量也打破了1993年以来的徘徊局面，达到446万吨，激增5.5倍。大亚湾发展出现了重大转机，但是，大亚湾人民并没有沉浸在一时的喜悦中，而是趁势追击，不断前进。1998、1999年，全区地区生产总值分别比增12.1%和19.2%；财政收入在1998年突破5000万元，比增28.7%；实际利用外资继续超过1亿美元。1998年2月16日，中海石化项目框架协议正式签署，此后，一批已落户的项目相继增资扩产，台湾合正、华一机械、华硕电脑等一批投资大、规模大的项目也纷纷与大亚湾区签订投资协议，响水河、黄渔涌等工业园发展初具规模。至此，大亚湾外向型经济的发展格局初步形成。

## 二、构建增长极　打造新引擎

进入2000年之后，大亚湾的开发建设事业到了一个崭新的发展阶段，不仅大项目协调工作结出了丰硕的成果，中小型工业的发展也出现了从量变到质变的飞跃，整个经济步入了良性发展的高速公路。2002年，壳牌项目正式奠基开工；2005年，中海炼油项目也奠基开工。随着这两大项目的成功落地，大亚湾终于掀开了全面开发的大序幕，大亚湾建设石化名城的梦想终于要化成灿烂的现实。2006年3月，经国务院批准，大亚湾经济技术开发区总规划面积扩大到23.6平方千米，为大亚湾的发展再一次插上了腾飞的翅膀。

2006年，壳牌投产；2009年，中海炼油投产。在两大项目的推动下，大亚湾进入快速发展时期，各项经济指标飙升，一举奠定了大亚湾在全市经济发展中的龙头地位，成为建设“惠民之州”的排头兵。在5年的时间里，大亚湾区的地区生产总值、财政收入都以年均30%以上的速度增长，工业总产值更是以年均77.2%的速度高速增长。

经济实力日益强大。与1991年相比，全区地区生产总值达到343.6亿元，增长了81.9倍；工业总产值达1276.8亿元，增长了370.4倍；全社会固定资产投资120.1亿元，增长了8.6倍；地方财政一般预算收入14.1亿元，增长了13.8倍。

产业结构不断优化。已落户大亚湾石化区项目64宗，总投资额超过1497亿元，石化上中下游产业格局初步形成，加上比亚迪、东风本田、华德油储等一批电子、汽车零部件及物流企业的带动，大亚湾区基本形成以石化产业为龙头，电子、汽车零部件、物流等多产业齐头并进的发展体系。大亚湾石化区实现炼油2200万吨/年、乙烯220万吨/年的生产能力，园区循环经济产业链关联度达85%，原料就地转化率约71%。

城市发展面貌日新月异。至2011年来，全区累计投资1132.9亿元，实施基建项目200个，高标准建设、改造市政道路109.68千米，建设路面面积225.5万平方米，新建城区面积46.53平方千米，建成了红树林公园、惠民广场等一批公共休闲娱乐场所，城市面貌日新月异。

社会事业迅速发展。坚持经济社会协调发展，实施了“教育强区”战略，在全市率先实现了从小学到高中12年免费教育；完善了公共医疗卫生保障体系，逐步构建了新型社区管理体制，与中山大学合作，高标准建设一家三甲医院，提高医疗卫生水平，启动了石化区和西部综合产业区两个社区卫生服务中心及区疾病预防控制中心的建设；实现了城乡垃圾统一清运；千方百计为农民解决住房、就业、教育、医疗和社会保障等关系广大群众切身利益的问题，促进了城乡统筹发展；不断加强党的思想建设、组织建设和廉政建设，为大亚湾区经济社会的全面、协调、可持续发展提供了强有力的政治保障。

大亚湾开发区海域宽、航道短、淤积少，拥有国家一类对外开放口岸——惠州港，年吞吐能力8000万吨，已开通至中国香港、台湾的航线以及至日本神户、大阪的定期国际航线。厦深铁路贯穿境内，惠大铁路为惠州港专线货运铁路，支持水铁联运，已连接广梅汕铁路、京九铁路。周边分布着惠深沿海、深汕、广惠、潮莞、惠盐、粤赣等多条高速公路，惠大高速正在建设中，到惠州机场只需60分钟车程，到深圳宝安机场只需90分钟车程，到香港国际机场只需2小时车程，海陆空交通十分便利。区内供水、供电、通信、消防等公用设施配备齐全，学校、医院、银行、公园、广场、酒店等生活配套完善。

2014年，全区实现地区生产总值470.4亿元，规模以上工业增加值386.2亿元，固定资产投资212.7亿元，社会消费品零售总额23.1亿元，港口吞吐量4249.2万吨，税收总额（不含海关代征税）206.9亿元，公共财政预算收入37亿元，城镇居民人均可支配收入2.8万元，农村居民人均可支配收入1.5万元。

经济实力日益强大。2014年，大亚湾区地区生产总值470.4亿元，是建区初期的73.9倍；规模以上工业总产值1650亿元，是建区之初的558倍；公共财政预算收入37亿元，是建区之初的38.8倍；税收收入206.9亿元，是建区之初的380倍；外贸出口25.6亿美元，是建区之初的1184.6倍。

## 三、蓝图展示添干劲　高歌阔步向未来

“雄关漫道真如铁，而今迈步从头越。”大亚湾人没有小富即安，裹足不前，而是未雨绸缪，再接再厉。面对新机遇、新挑战，大亚湾区以建设20周年为新起点，精心描绘蓝图，掀起了开发建设的新一轮高潮。时代的变迁，社会的发展，形势的需要，人民的期盼，汇成一股势不可挡的潮流，汹涌撞击着大亚湾这片热土。

大亚湾区坚持践行新发展理念，紧紧围绕建设世界级石化产业基地和产、城、人融合发展示范区的目标定位发展。2017年，大亚湾区地区生产总值突破500亿元，达505.1亿元；规模以上工业总产值1584.3亿元；一般公共预算收入突破50亿元，达53.1亿元。石化产业实现产值986.7亿元。炼化二期1000万吨炼油项目投产，120万吨乙烯项目试车，石化区炼化一体化规模跃居全国第一。东本一体化项目、汽车零部件装备制造业实现产值145.4亿元。比亚迪手机全自动化改造加速推进，日上光电投产，电子信息产业实现产值287.3亿元。华瀛燃料油调和配送中心竣工，深能港务煤炭集散基地启用，港口货物吞吐量5212万吨；外贸货运量2452万吨。黄金海岸公共泳场及海滨栈道一期对外开放，红树林城市湿地公园获评国家城市湿地公园和4A级旅游景区。2017年，大亚湾区全年接待游客260万人次，实现旅游收入11亿元。

社会民生持续进步。2017年民生支出42.4亿元，占公共财政预算支出的74%。全面小康、精准脱贫两大攻坚任务扎实推进，小康社会综合指数97.9%。社会保障不断健全，6项底线民生保障标准是惠州市最高的。教育质量不断提升，新建扩建中小学校5所，新增优质公办学位4320个。

大亚湾区已基本形成石油化工、电子信息、汽车零部件及装备制造、港口物流、滨海旅游“1+4”现代产业体系，为国家新

型工业化产业示范基地。大亚湾石化区被列为全国重点发展的石化产业基地，是广东省唯一列入的石化产业基地，2014—2018年连续5年综合实力位列中国化工园区第二，2017年获评国家第一批“绿色园区”、国家循环化改造示范试点园区。

如今，大亚湾开发区已站在发展的新起点。一个经济腾飞、政治安定、社会和谐、环境优美、人民幸福的新城区正崛起于南海之滨，已成为南中国海北岸的一颗璀璨明珠。

# 附　录

# 附录一 革命纪念遗址

## 腾云学堂

腾云学堂，位于惠州市惠阳区秋长街道周田村叶挺将军故居左侧，三合土墙砖木结构，客家围屋风格，内有课室、书房、教师住房、厨房、天井，建筑面积约 180 平方米。

1903年至1911年，叶挺（原名叶为询）在此读书，深受老师陈敬如器重。为激励叶为询立志向上、救国救民，陈敬如给他改名为挺，激励叶挺“人要上行，叶要上挺；挺身而出，拯救中华”，叶挺正是在这里接受了民族主义和民主主义思想的教育，了解了孙中山的一些革命活动事迹，在心中播下了救国救民的理想种子。

20世纪20年代，腾云学堂更名为腾云私立小学，中华人民共和国成立后该校由政府接管，2009年命名为“中国工农红军惠阳叶挺红军小学”。该校现已扩建成占地约6000平方米，拥有一栋教学大楼、一栋教工大楼和运动场等设施的完全小学，现有教学班6个，学生141人，教师10人。

## 广州革命政府东征军行营旧址——崇雅书院楼

广州革命政府东征军行营旧址崇雅书院楼，位于惠州市惠阳区淡水街道的百年老校崇雅中学老校区北边，坐西朝东，砖木结构两层古式建筑小楼。

1925年2月，广州革命政府为讨伐盘踞在东江的叛军陈炯明部，举行第一次东征。15日攻克惠阳县淡水城，于16日进驻淡水城崇雅书院楼。黄埔军校政治部主任周恩来及参谋长蒋介石在崇雅书院楼设指挥部和政治部，周恩来的办公室及住房设在书院楼的二楼。此间，周恩来非常重视对官兵的政治思想教育工作，东征军深受当地群众欢迎，“东江人民父老，谓民国以来，仅此次所见，乃是真正革命军，真正保国卫民之革命军”。这次东征在惠阳乃至东江地区播下了革命的火种，鼓舞了人民的革命斗志，对打倒军阀陈炯明的反动势力，平定东江内乱起到重大作用，也标志着第一次国共合作取得了重大成果。

书院楼建于清光绪十六年（1890年），建筑面积200平方米，是崇雅中学最古老的建筑物之一，一直以来得到当地政府和崇雅中学师生的保护。在多次修葺的基础上，1994年崇雅中学通过多方筹资，对该楼再次进行修缮，使之基本恢复原貌，并在楼内陈列崇雅中学史料和各种书画，展出东征历史。2003年申报并列入惠州市文物保护单位。

## 惠阳县第九区农民协会遗址——集福庵

惠阳县第九区农民协会遗址——集福庵，位于惠州市惠阳区镇隆镇大光村马鞍山下，约有200年历史，是附近村民祈福、祷告的地方。

1925年夏秋之间，惠阳县第九区成立农民协会，协会设在第九区四大半围集福庵。第九区农民协会颁布了《会员须知》。第九区农民协会成立后，农民运动规模和影响也进一步扩大。

镇隆四大半围从大革命时期开始，是惠州八属（即惠阳、博罗、河源、紫金、龙川、连平、和平、新丰）农民运动的中心，惠阳县第九区农民协会的成立有力地推动了惠阳农民运动的发展，同时也影响和带动了八属农民运动的发展，在国民革命中起到了重要作用。

## 东征军民联欢大会旧址——戴氏宗祠

东征军民联欢大会旧址——戴氏宗祠，位于惠州市惠阳区淡水街道桥背村委会尧岗村小组前南边，坐北朝南，砖木结构，古式建筑，四进六合院瓦房。

1925年2月，广州革命政府举行第一次东征，15日拂晓攻克惠阳县（现惠阳区）淡水城。东征军占领淡水后，东征军政治部主任周恩来和苏联顾问等分别在淡水商会和望尧岗戴氏宗祠前召开军民联欢会，向工农兵学商各界群众宣传东征的重大意义。周恩来在联欢会上发表讲话。这次军民联欢会，极大地鼓舞了广大军民打倒军阀的斗志，淡水地区军民革命热情空前高涨。

戴氏宗祠建于明末，一直以来为尧岗戴氏村民保护着，用于祭祀先祖，至今原貌完好。

## 中共秋溪支部成立旧址——挺秀书院

中共秋溪支部成立旧址——挺秀书院，位于惠州市惠阳区三和街道象岭村的象山山腰，为一栋坐北向南的古式砖木结构建筑的四合院小楼，由三进、横屋、后座构成。

1924年春，中共广东区委派留学日本毕业后在广州搞工运的共产党员叶文匡回到惠阳秋长，领导农民运动，发展党组织。1924年夏，在挺秀书院和农会骨干中发展叶锡康、叶钦梅、叶梅青、叶春仁、叶祥彤等人加入中国共产党，并在挺秀书院成立党小组，叶文匡任小组长。1925年4月，在党小组基础上，在挺秀书院成立中共秋溪支部，叶文匡任书记。为适应斗争发展的需要，挺秀书院改为象山书院，中共广东区委又派党员和进步教师前往任教，象山书院进一步成为中共惠阳组织活动的基地。1926年春，又以中共秋溪支部为基础，建立了中共象山特别支部，书记叶文匡，下设2个支部，共有党员30多人，隶属广东区委领导。中共秋溪支部是中共在惠阳县建立的第一个支部，它的建立为秋溪乡大革命斗争起到组织和领导作用，为中共惠阳组织的发展壮大和开展革命斗争奠定了良好基础。

挺秀书院为清乾隆二十五年（1760年）由沙坑叶氏岁进士天波公聚叶氏兄弟39人捐银所建。最初取名为挺秀书舍，乾隆五十年（1785年）扩建为挺秀书院。一直以来，主体建筑得到当地人民政府的保护。2003年，秋长镇人民政府通过多方筹资，对书院进行了全面绿化，建筑占地面积1828平方米，绿化面积3000平方米。

现为惠州市文物保护单位和爱国主义教育基地。

## 中共惠紫河博地委成立旧址——黄氏宗祠

中共惠紫河博地委成立旧址——黄氏宗祠，位于惠州市惠阳区镇隆镇四大半围高田村，砖木结构，坐西向东，高3米余，建筑面积280平方米，室内三进二井。门前为500平方米坪地。

1927年8月下旬，蓝璇坤在香港接受中共广东区委的指示后，由香港回到惠阳镇隆，在黄氏宗祠召开各地党组织负责人会议，会上宣布惠紫河博地委成立，由蓝璇坤任书记。地委成立后，将惠阳县农民自卫军改编成工农讨逆军一个团，团部驻黄氏宗祠，由罗俊任团长，黄卓如任指挥。惠紫河博地委制订暴动计划，组织实施暴动，把武装起义与土地革命结合起来，普遍发动贫苦农民进行武装暴动。

宗祠建于清末，由镇隆镇高田村黄氏族人管理使用，长期以来得到黄氏村民保护，主体未遭破坏。1986年，黄氏村民集资进行了修缮，至今仍基本保持原貌。

现列为惠阳区文物保护单位及党史教育基地。

## 惠阳县苏维埃政府成立旧址——杨氏宗祠

惠阳县苏维埃政府成立旧址——杨氏宗祠，坐落在惠州市惠阳区镇隆镇高田村岗头村小组北面。建于清朝末年，高3米多，砖木结构，坐北向南，建筑面积250平方米，祠内为三进二井，门前为200平方米小坪。

1928年2月26日，惠阳县工农兵代表大会在镇隆四大半围岗头村杨氏宗祠召开，大会宣告惠阳县苏维埃政府正式成立，选举产生惠阳县苏维埃政府组成人员。苏维埃政府下设军事、土地、财政、宣传、教育、妇女等委员会和秘书处，办公地址设在岗头村杨氏宗祠。大会通过了苏维埃政府政纲及《没收豪绅地主土地和财产案》《镇压一切反革命案》《取消苛捐杂税和废除高利贷案》等决议。

惠阳县苏维埃政府成立后，随即给潼湖区苏维埃政府颁发旗帜和印章，发动和组织各区、乡建立起苏维埃政权和工农赤卫队，进一步把惠阳土地革命战争推向高潮。

长期以来，宗祠得到杨氏村民的保护，未遭受破坏。1987年由杨氏村民集资修缮，至今仍基本保持原貌。

## 共青团周田支部旧址——会水楼

共青团周田支部旧址——会水楼，位于惠州市惠阳区秋长街道周田村，建于清道光五年（1825年），由周田叶氏四世祖成发公修建。建筑风格为三堂两横客家围龙屋，建筑面积1393.6平方米，坐西向东，整座建筑占地呈长方形，外墙夯土结构，正面开一正门及两侧门，窗口上有西式的灰塑。

1928年夏，叶文华加入共青团后，受组织的派遣，在暑假期间回到家乡淡水周田村开办夜校，宣传革命道理，培养、发展了一批共青团员，并建立共青团周田支部，先后由叶文华、叶吉祥任书记。共青团周田支部建立后，担负起革命斗争的重任。共青团周田支部以廖屋为据点，开办夜校识字班，组织农会，传播革命道理，同时建立秘密联络站，掩护、接待由香港进入内地的省委、特委和县委机关的领导人。

会水楼鼎盛时期最多可以居住70至80户人，随着社会发展，人口现已全部外迁。由于楼内无人居住，加上天灾水患，且年久失修，部分房屋已成危房。

## 淡水“三女杰”就义遗址

淡水“三女杰”就义遗址，位于惠州市惠阳区淡水街道内的崇雅中学老校区大操场内。

1930年冬，淡水女青年蔡素蓉、叶玉莲、叶阿梅按照共青团淡水区委的指示，潜入淡水城内，散发传单，策动士兵运动，发动工人、市民参加抗捐、抗税、抗拉夫的斗争，有力地协助了中共惠阳组织点燃淡水地区土地革命的火种，震惊了国民党淡水当局。敌人疯狂发动大搜捕，白色恐怖下，她们在开展工作过程中不幸被捕。“三女杰”在淡水城外的晒布岭上就义后，国民党淡水当局反共头子饶汉杰恨犹未解，下令士兵们把三人衣服剥光，陈尸三天示众，不准亲属收殓。后来人们把三人称为淡水“三女杰”。

淡水“三女杰”就义遗址，原是一座小山，称为“晒布岭”。20世纪八九十年代被夷平，建成崇雅中学大操场，并在“三女杰”就义的地方筑起升旗台，飘扬着一面鲜艳的五星红旗。

## 矮岭村革命老区旧址

矮岭村革命老区旧址，位于惠州市惠阳区三和街道拾围村委会东北面，全村房屋建筑多为黏合土墙基砖木结构瓦房，建筑群面积为1万多平方米。

1925年村里成立农会小组开展减租斗争，支援东征军平定东江叛乱。1926年建立中共矮岭党小组、农会、妇女会，开展如火如荼的农民运动。

1927年四一二反革命政变后，开展土地革命，与国民党反动派展开殊死的斗争。先后建立起村党支部、共青团、赤卫队、儿童团。1928年，中共惠阳县委机关设在该村，领导和发动全县农民运动，使之成为惠阳土地革命斗争的策源地和红色堡垒。

1937年，全面抗日战争爆发后，矮岭村人民率先重建党组织，发展抗日武装。1940年，中共前东特委临时设在村里。

抗战胜利后，国民党反动派发动内战。矮岭人民清醒地认识到只有推翻国民党反动派，中国才有和平与民主。尽管面临极为严峻的斗争形势，在解放战争中，矮岭人民英勇顽强地与国民党反动派展开殊死斗争。

几十年的革命斗争，矮岭人民舍生忘死，前仆后继，涌现了一批以黄世梅、黄少芬、叶映红、黄育光、黄昌雄、黄其均、黄道胜、黄池、黄财仔、黄秋、黄育传等11位革命烈士和黄开、黄道宽、黄道明等3位老红军以及张莲娣、林满、严润、林其茂、叶满等革命堡垒户为代表的优秀儿女，为中华民族的解放事业写下了可歌可泣的诗篇。

矮岭村革命老区村民住宅由于自然因素的影响或年久失修，许多房屋已坍塌或面临坍塌，如中共惠阳县委旧址、中共前东特委办公旧址及众多的革命前辈、堡垒户旧居都面临着毁坏的危机。

## 中共大同共耕社支部旧址

中共大同共耕社支部旧址，位于惠州市惠阳区三和街道拾围村委会矮岭村小组中心地带。清末由黄丁富祖上所建，坐西朝东，砖木结构，建筑面积90平方米。

1936年春，在黄开的组织领导下，矮岭村10多个党员和农会会员30多人成立大同共耕社，同时成立中共大同共耕社支部，黄开任书记。这是土地革命战争后期在惠阳重新建立的第一个党支部。

中共大同共耕社支部旧址始建以来，由黄丁富祖辈传承居住，现由黄丁富管理使用。

## 惠宝人民抗日游击总队成立旧址——育英楼

惠宝人民抗日游击总队成立旧址——育英楼，位于惠州市惠阳区秋长街道周田村叶挺将军故居的左后方，坐北向南，建于20世纪30年代初，建筑面积682平方米，土木结构，左右对称，前、后两进组成小四合院。为叶挺将军胞弟叶辅平所建。

1938年12月2日，中共惠宝工委在育英楼正式建立惠宝人民抗日游击总队。总队长曾生，政治委员周伯明，副总队长兼参谋长郑晋。全队共100多人。惠宝人民抗日游击总队成立后，随即在淡水等地发动群众，组织自卫队，打击敌人，铲除伪政权。

1939年春，惠宝人民抗日游击总队队部迁往坪山后，育英楼便长期闲置。20世纪50年代末期用作周田村村民幼儿园，60年代做过秋长公社会水楼大队部的粮仓并一直得到各级人民政府和当地群众的保护。1985年，惠阳县人民政府拨款进行第一次修葺，基本恢复其原有建筑面貌。2003年，惠阳区人民政府再次拨款修葺。楼内陈列文物、图片120多件。大楼左、右两侧及门前三面绿化，前伸至叶挺将军故居、读书亭和腾云学校，与之连成一片壮观的建筑群。

现列为惠州市文物保护单位。

### 惠阳县第二区行政委员会旧址——淡水祖庙

淡水祖庙，位于惠州市惠阳区淡水街道张屋社区祖庙背街，是明万历八年（1580年）年间由淡水詹、戴、李三姓开基祖创建，坐西向东，砖木结构，古香古色。

1938年12月10日，曾生、周伯明等惠宝人民抗日游击总队主要领导在淡水祖庙广场召开成立抗日民主政权的群众大会，参会的群众有500余人。曾生向群众说明会议的议程之后，由群众分组议论，提出行政委员会领导人选，大会以举手通过方式，选举产生惠阳县第二区行政委员会。严尚民为主任。办公地点设在祖庙旁的一栋旧式瓦房。

据载，淡水从宋朝末年就居住着古老的詹、戴、李三大姓。起初三大姓为争夺城中一块公认的风水宝地，纠纷不断，摩擦此起彼伏，居民生活很不安定。后来县官判由三大姓人在该地共同修筑一座庙，祭拜民间流传的关帝，名为忠义庙（淡水祖庙前身），意为三大姓人从此忠诚相待，讲道义，各不相争，平安度日。祖庙内有龙凤、山水、花鸟、二十四孝子图、三顾茅庐、三英战吕布、八仙过海、祖庙亭等数处古雕和景观，是淡水及周边地区群众祈祷焚香的地方。正殿庙宇建筑面积253平方米，占地面积1830平方米。是淡水八景之中仅存的一景。清道光五年（1825年）进行了修葺，后因种种历史原因而遭到严重破坏。1988年由群众集资修复，仍未能完全恢复原貌。后又在1996年、1999年和2001年先后3次大修和重建，基本恢复原貌。现有两进两殿。祖庙附近是一个庙宇群，以祖庙为中心，有妈娘庙、谭公庙等，合占地5000～6000平方米，每年正月初一至十五，进行“打西樵”“阿公出游”等民俗活动，还有舞龙、舞凤、锦妹巡游各方，烧炮台等活动，晚上在祖庙坪组织演出活动，具有十分浓厚的客家地方民俗特色，成为集文化、宗教、旅游和娱乐于一体的亮丽景点，颇受海内外华侨、港澳台同胞及民俗研究人员的关注，并吸引着海内外众多游客来此观光、祈福。现为淡水地区民间信仰场所，列入惠阳区文物保护单位。

## 惠阳县第二区行政委员会办公旧址

惠阳县第二区行政委员会——东江地区第一个抗日民主政权办公旧址，位于惠州市惠阳区淡水街道张屋社区的祖庙背街内，建于清初。坐西北向东南，建筑面积1536平方米，砖木结构瓦房。

1938年12月10日，由惠宝人民抗日游击总队总队长曾生主持，在淡水祖庙召集了500多人参加的群众大会，宣布成立惠阳县第二区行政委员会。

惠阳县第二区行政委员会成立后，参照晋察冀边区的建设经验，在全区公开发表了实行政治民主，保证群众集会、结社、言论、出版、信仰自由，保障群众团体的独立性，减租减息，优待抗日军烈属等施政纲领。进行乡镇政权建设，惩办汉奸，维护社会治安；救济难民，处理民事；废除苛捐杂税，恢复集市贸易；复办教育，组织生产。在这个抗日民主区政府所辖区域，呈现一片繁荣安定的景象。

1950年至20世纪后期，先后用作惠阳县人民医院和中医院。自两医院搬迁后，于2010年拆除，成为祖庙旁的公园绿化带。

## 横排浪农民夜校旧址

横排浪农民夜校旧址，位于惠州市惠阳区淡水街道新桥村委会排浪村小组中心，系革命堡垒户丘声伦故居。始建于清初，坐东向西，建筑面积 80 平方米，自建成以来为丘声伦祖辈承传使用。

抗日战争时期，为进一步唤醒民众，组织农民起来抗日，丘仲炽回到家乡横排浪，在一所泥砖瓦房里创办了农民夜校。夜校组织军训讲授军事知识。1938年夏末，本村青年丘耀去惠州参加国民党“社训队”的军事训练班。丘耀结业回到横排浪，在夜校组织成立自卫团、壮丁队，负责训练，学员们基本全部报名参加训练。每晚学习文化课之余，在夜校前面的空地上，手持大刀长矛、土枪土炮，学习刀法、射击，学打游击和排队列，白天还打篮球、跑步以增强体质，为抗日武装斗争作准备。

横排浪农民夜校旧址，原建筑物因自然因素影响，于20世纪70年代坍塌。2010年，排浪村小组为表彰英雄模范，以芳千古，发动村民自筹资金，仿原貌重建，并挂牌命名“横排浪农民夜校”，现状完好，为排浪村小组保护使用。

## 东江华侨回乡服务团成立旧址——淡水隅园

东江华侨回乡服务团成立旧址，位于惠州市惠阳区淡水街道红星社区的西北部，老邓屋四阁楼西面，系知名爱国人士邓承修故居之一，题名“隅园”。

1938年12月中旬，在中共东南特委的主持下，召开有南洋惠州同侨救乡会、香港惠阳青年会、余闲乐社和海陆丰同乡会代表参加的会议。会议决定成立东江华侨回乡服务团，确定以动员东江群众协助军队及人民武装抗战，并拯救伤兵难民及辅导民众组织各种救亡团体为宗旨。选派代表11人组成东江华侨回乡服务团总部委员会，在香港设立办事处。1939年1月，东江华侨回乡服务团（简称“东团”）在惠阳淡水隅园宣布正式成立，团长叶锋，副团长刘宣。东团先后组建了7个团和2个队，分别活动于惠阳、海陆丰、博罗、紫金、龙川、河源、和平、连平、东莞、宝安、增城、龙门等地。

在东团的影响下，随着南洋各地抗日救亡运动的深入开展，惠属华侨的爱国热情不断高涨，他们从精神上、政治上、舆论上和人力、物力、财力各个方面大力支持东江抗日战场。

隅园建于清代，坐北向南，砖木结构，上下两层，楼高7米，建筑面积400平方米，“文革”时期遭到严重破坏而坍塌，现仅存围墙。隅园右侧，有同是清代所建、建筑结构基本相同的邓承修故居——壶园。隅园和壶园，于1993年被惠阳县人民政府列为文物保护单位。

## 惠阳县委地下交通情报站——善美小学

惠阳县委地下交通情报站——善美小学，位于惠州市惠阳区秋长街道茶园村，旧址为两座客家围屋，一座在榴兆楼旁边，5房2厅，面积约100平方米，另一座在榴兆楼后面，5房1厅1井，面积约70平方米。两屋建于清朝，相距约30米，均为泥砖瓦房，现状破败。

1939年2月，中共惠阳县委选择群众基础好、地理位置偏僻的茶园村开办善美小学，教师由县委安排，大部分是党员，校长叶伯珍、教导主任叶瑞林、体育主任叶志林和教师叶玉定、叶俊明、李加善等均是党员。学校在教授知识、培养社会人才的同时，积极宣传党的抗日政策、方略，为地方党组织选拔、输送抗日战争及后来的解放战争需要的人才，同时作为地下交通站，为当时县委开会、接待、潜伏提供场所。曾经接待过的党组织的领导和爱国知名人士有廖承志、连贯、乔冠华、茅盾、廖沫沙、胡风、张友渔、韩幽桐等，为抗日战争和解放战争作出了重大的贡献。

## 抢救香港文化人接转站——榴兆楼

抢救香港文化人接转站——榴兆楼，位于惠州市惠阳区秋长街道茶园村，建于清代，是三进式四角楼客家围屋，高约5米，建筑占地2300平方米。

1941年，香港被日军占领后，滞留在香港的内地许多知名的爱国文化人和民主人士急需转移，中共中央南方局和广东省委安排两路转移，其中一路由香港经宝安、惠阳、惠州到龙川转移到大后方。中共东江特委书记尹林平派遣惠阳县委组织部长兼武装部长卢伟如到惠阳、惠州建立联络站，负责文化人的接转和护送工作。卢伟如经过考察选择榴兆楼为接待站，接待站由叶汉生任站长。为确保护送安全，廖承志、连贯、乔冠华等同志亲临榴兆楼指导并查看护送线路。当年农历十二月二十八日，第一批文化人茅盾夫妇、廖沫沙夫妇、胡风、张友渔、宋之的、叶以群、韩幽桐等20余人到达榴兆楼，经过几天休整后安全护送到惠州，由此建立了一条安全通道。

抢救文化人行动从1941年12月起至1942年6月结束，历时半年多，被抢救的文化人、民主人士和其他人士共800多人，其中榴兆楼接待的有几批近300人。

目前该楼保存基本完好，其中右边横屋有居民居住。现列入惠州市文物保护单位。

## 抢救香港文化人据点之一——嗣前新居

抢救香港文化人据点之一——嗣前新居，位于惠州市惠阳区秋长镇茶园村仕径村民小组，是光绪二十年（1894年）所建，整个建筑平面为方形，长约80米，宽约40米。建筑面积2 050平方米，平面中轴对称，内部为院式布局，中轴线上排列着层层厅堂。

1941年底，香港被日军占领后，滞留在香港的内地许多知名的爱国文化人和民主人士急需转移，中共中央南方局和广东省委安排两路转移，其中一路由香港经宝安、惠阳、惠州到龙川转移到大后方。中共东江特委书记尹林平派遣惠阳县委组织部长兼武装部长卢伟如到惠阳、惠州建立联络站，负责文化人的接转和护送工作。卢伟如经过考察选择榴兆楼为接待站，嗣前新居作为据点之一，并落实接待工作，接待站由叶汉生任站长。为确保护送安全，廖承志、连贯、乔冠华等同志指导检查护送线路时曾在此居住过。

现列入惠州市文物保护单位。

## 惠阳县第一个抗日民主乡政府旧址——谭公祖庙

惠阳县第一个抗日民主乡政府旧址——谭公祖庙，位于惠州市惠阳区良井镇人民政府所在地圩集之东北面，市集咸鱼街内。始建于清初，古式建筑砖木结构瓦房，坐西朝东，建筑面积1100平方米。

抗日战争中后期，广东人民抗日游击队东江纵队在中国共产党的领导下，不断发展壮大，成为华南地区抗战的一支骨干力量。1944年冬，因抗战形势需要，由东江纵队主持，良井乡人民政府在良井圩内谭公祖庙挂牌宣告成立，杨富森任乡长，杨彩萍任副乡长，曾全任乡常备队队长。这是东江纵队在惠阳县建立的第一个乡人民政府，也是广东首个由东江纵队主持建立的民主政权行政乡。良井乡人民政府成立后，积极宣传党的方针政策，发动组织群众参军参战，宣传抗日道理。

旧址现状完好，为当地村民用于祭祀谭公爷并保护使用。

## 路东行政委员会驻地——会新楼

路东行政委员会驻地——会新楼，位于惠州市惠阳区秋长街道周田村，建于民国时期，建筑面积约1510平方米，具有西洋风格围屋特色。曾用作东江特委、惠阳县委、东纵二支队驻地。

1945年4月，为了建立路东解放区民主政权，东江纵队政治部在惠阳县永湖麻溪虎爪村燕贻小学召开路东解放区首届参议会。中共广东省临委书记、东江纵队政治委员尹林平出席并主持会议。路东行政委员会没有固定的办公地点，随着战争形势而随时转移，常与东纵二支队在一起行动。当时行政委员会主席叶锋经常在会新楼办公。

该址于 2004 年被列为惠州市文物保护单位。

## 角莫垅战斗遗址

角莫垅战斗遗址，位于惠州市惠阳区沙田镇集成村麻田尾小组角莫垅。

1945年6月30日，日军为保障部队军需，出动小分队共12人到沙田镇肖屋楼村抢粮后，由集成麻田屋村运送回驻地，在经过角莫垅准备过河时，遭到肖屋、集成两村民兵伏击。战斗打响后，驻沙田鹤山的东江纵队第七支队长安乡常备大队一中队接到报告，当即由指导员彭美带领30名战士前往投入战斗。战场上沙田军民群情激奋，并肩作战，在附近忙活的村民获悉后，纷纷从四面八方赶来，拿锄头的，拿扁担的，拿田刀的，同仇敌忾四面包围日军。战斗异常激烈，持续数小时之久。在与敌激战中，彭美担任前锋，在带领战士绕过敌阵地时，为掩护民兵而暴露，被敌机枪击中，光荣牺牲。军民们目睹彭美牺牲更加愤慨，向日军发起了全面冲锋，锄、打、劈、刺直取日军，展示了人民战争的强大威力。

此战全歼日军小分队12人，缴获轻机枪1挺、步枪8支、其他战利品一批，打出了中国人民的斗志，打出了中国军民的威风，大灭日本帝国主义的嚣张气焰，极大地鼓舞了东 江人民夺取抗日最后胜利的信心和决心。

角莫垅战斗距今已过去70多年，场址虽存，但已被开垦用作农田，四周为平坦开阔耕地，背面紧靠小山。现为角莫垅村小组村民耕作使用。

## 金沙布战斗遗址——周林森故居

金沙布战斗遗址——周林森故居，位于惠州市惠阳区沙田镇肖屋村委会金沙布村小组内。坐北向南，建于1916年间，砖木结构，前面有周月和的民房，后面有周远辉的民房，为村中民宅环抱。

1947年1月，为保障部队供给，根据党组织安排，由丘翟光、丘声平等人负责在惠、淡、平、白、牛郎径建立税站收税。同年3月5日晚，河东区委在金沙布革命堡垒户周林森家召开干部会议，因伪保长通匪告密，国民党保八团徐东来部李远青中队200余人由反动乡长叶文带路，分三面包围会场。危急之中，丘翟光、丘声平等立即组织反击。激战中，丘翟光为掩护战友突围中弹牺牲，丘声平在突围时抢夺敌机枪中弹牺牲，区委参会干部丘传及其他人员在丘翟光、丘声平的舍身掩护下安全撤离。丘翟光、丘声平牺牲后头颅被国民党反动派割下，挂在淡水城墙上示众三天三夜，后为其家乡新桥村乡亲秘密取回安葬。

周林森故居在激战后被国民党反动派放火烧毁。遗址总面积100平方米，其中约30平方米为其他村民占用建房，余下均为空地。

# 附录二 纪念设施

## 叶挺纪念园

叶挺纪念园，位于惠州市惠阳区秋长街道周田村，始建于2008年，建筑面积2758平方米，陈列展示面积2500平方米。展馆由两个展厅和瞻仰厅、缅怀厅组成。展厅展览内容共7个部分22个单元，其中，第一个展厅分“探求真理，从戎救国；赴苏深造，编练铁军；北伐先锋，保卫武汉”3个部分，第二个展厅分“南昌举旗，广州起义；领导抗敌，卓著功勋；皖南浴血，铁窗铮骨；光荣出狱，名垂青史”4个部分。展馆采用声、光、电等现代化手段，展出文物、实物200多件，雕塑13件，美术品11件，模型3个；设有场景7个、电子触摸屏3个、视频3个、电子地图2个、幻影成像1处、电子翻书1处。布展以“三军可夺帅，匹夫不可夺志”为主题，全面展现叶挺将军曲折坎坷但伟大悲壮的一生，歌颂叶挺将军为党和人民立下的不朽功勋和热爱祖国、追求光明正义，对人民和革命事业无限忠诚，无比坚定，无比勇敢，临大难而不惧，临大节而不苟的崇高品格。

现列为全国重点文物保护单位、全国爱国主义教育示范基地、广东省党史教育基地。

## 叶挺读书亭

叶挺读书亭，位于惠州市惠阳区秋长街道周田村叶挺将军故居左后侧，腾云学堂门前。建于清代年间，呈四方形，边长5米，高4.8米。叶挺年少时常在这里读书、看报。1989年6月该亭被列为省文物保护单位。

## 矮岭革命历史纪念馆

矮岭革命历史纪念馆，位于惠州市惠阳区三和街道矮岭村文化中心旁边，占地面积280平方米，混凝土结构，歇山顶，黄色琉璃瓦面。

矮岭村是一个富有光荣革命传统的老区，从广东革命政府东征时期矮岭人民便开始义无反顾投身革命，在土地革命战争和全面抗日战争时期，中共惠阳县委机关及中共东江前线特别委员会都曾在这里开展工作，设立油印室等，中共惠阳县委主要领导人刘克礼及中共东江特委领导尹林平、张持平、余慧等常在这里办公及居住。在仅有400余人的小村里，先后有60多人走上革命征途，涌现了一批以黄开、黄世梅等3位老红军和黄其均、黄育财、黄持等8位革命烈士为代表的中华优秀儿女，为中华民族的独立和解放事业建立了不朽的功勋。

为弘扬矮岭老区精神，昭示保卫者和建设者的精神风貌，2009年由矮岭村村民自筹修建此馆。馆内分实物区和图文区。实物区主要陈列相关历史年代先辈们的用品用具；图文区分六个展室，分别是：大革命时期、土地革命时期、全面抗日战争时期、解放战争时期、社会主义建设时期及社会主义建设新时期。目前由矮岭村小组保护使用。

## 惠阳烈士纪念碑

惠阳烈士纪念碑，坐落于惠州市惠阳区淡水街道叶挺东路卢屋山腰。碑园呈矩形，占地500平方米。园内树木成林，古柏长青。

1957年，惠阳县人民政府为纪念在新民主主义革命时期为中国人民解放事业英勇献身的革命先烈，拨款在惠阳县（今惠阳区）淡水镇（今淡水街道）南门晒布岭建造一座惠阳革命烈士纪念碑，同年被列为惠阳县文物保护单位。1994年，由于城市建设规划需要，政府拨款迁碑至惠阳区淡水街道叶挺东路卢屋山，目前由惠阳区民政局管理保护。

## 抗日阵亡将士纪念碑

抗日阵亡将士纪念碑，坐落在惠州市惠阳区永湖镇敬老院旁边，占地面积70平方米。

1938年10月12日，日军在大亚湾登陆后，进占淡水、永湖、镇隆、陈江、惠州。日军在攻击惠州时途经永湖。在永湖，国民党独九旅一连将士奋勇阻击，但最终因寡不敌众，独九旅一连官兵将士全部壮烈牺牲。后来为纪念该连官兵爱国抗日精神，在永湖下埔头山嘴（即现在锦多玩具厂对面河边），立碑“抗日阵亡将士纪念碑”以慰英灵。1992年左右，由于建新桥，该纪念碑搬迁至惠南大道拦河坝永湖镇府果场山顶处。2008年左右搬迁至现址。

## 牛郎径税务烈士纪念碑

牛郎径税务烈士纪念碑，位于惠州市惠阳区三和街道象岭村委会牛郎径村小组东南面，原是革命战争年代抗日游击队税站旧址。坐东向西，前面是惠南大道公路，后面是川流不息的淡水河。碑园占地600平方米，周围树林茂密。

1945年，东江纵队在牛郎径设立税站，对过往的船只、商贾合理征收税费，驻站的游击队员有10余人。从此牛郎径税站便成为敌人的眼中钉，肉中刺。东江纵队北撤后，税站暂停使用。后来，由于国民党疯狂发动内战，中共惠阳县委重建武装，该税站重新启用，这里便成为国民党反动派进攻的重要目标。1948年春，国民党淡水驻军一个连100多人，由连长陈发仔带领，在天刚蒙蒙亮之时，兵分两路扑向牛郎径包围税站，并以猛烈的火力向税站扫射。税站人员一边撤退一边还击，激战中，因寡不敌众，有4名队员当场壮烈牺牲，其余队员继续顽强反击，撤退途中又有两名队员不幸牺牲。战后，中共惠阳县委又增派税务人员，在牛郎径税站继续开展税收工作。税务人员不怕牺牲，前仆后继，为保障部队供给建立了不朽功勋。

1987年1月，惠阳县人民政府为纪念抗日战争、解放战争及抗美援朝中光荣牺牲的叶全、叶善仪、黄明、叶游明、陈炳军等税务烈士，在此建造纪念碑。同年，列为惠阳县文物保护单位。

## 麻溪烈士纪念碑

麻溪烈士纪念碑，位于惠州市惠阳区永湖镇虎爪村养公堂村小组。

新民主主义革命时期，麻溪村人民为革命作出巨大贡献，先后牺牲的革命烈士有：黄双喜、黄仕利、黄胜、黄彪、黄振兴、黄保田、黄秉光、刘进才、刘才、黄斗、黄秋桥、黄运友、黄远发、黄荀、陈月祥、李谭文、李进才、李发、刘来金、刘谭明、刘茂来、孔仲免、曾庆、曾运发、陈发等人。

1982年，为纪念革命英烈，麻溪村民特立此碑。碑整体呈立体四方形，高约5.5米，宽2米。整座纪念碑为水泥和碎石米砌筑，一级基座。现状完好，为麻溪村保护管理。

## 新桥革命烈士纪念碑

新桥革命烈士纪念碑，位于惠州市惠阳区淡水街道东面，新桥村委会排浪村小组惠澳大道33至34公里路段右侧路边的排祖山腰。

新桥村是全面抗日战争时期和解放战争时期的革命老区，是广东人民抗日游击队东江纵队发源地之一，早在全面抗日战争初期就建立抗日救亡读书会，开办农民夜校，组织抗日模范壮丁队。新桥人民抛头颅，洒热血，前仆后继，一批批优秀青年开赴战场，许许多多基本群众成为坚强的堡垒户，为中国人民的解放事业作出了贡献。

为纪念在新民主主义革命中牺牲的新桥英烈，新桥村于2001年7月特立此碑。碑园占地1200平方米。

自建成至今，每年逢清明节前后，新桥村委会都组织当地师生前往吊祭，并请老同志讲革命斗争史，成为新桥村革命传统教育基地。现状完好。

## 滩头烈士纪念碑

滩头烈士纪念碑，位于惠州市惠阳区三和街道莲塘面村滩头村小组东北面。

滩头村是惠阳革命老区之一。在风雨如磐的革命斗争中，滩头人民在中国共产党的领导下，与帝国主义、封建主义、官僚资本主义进行了长期的、艰苦卓绝的斗争，涌现了以林桂香、林桂芳、林维邦、林英、林南、林月香、林子文、林兴、林强、林勤、林来、林新、林月喜等13位英烈为代表的中华优秀儿女，他们用鲜血染红了中华大地，他们用鲜血染红了胜利的旗帜，他们的丰功伟绩流芳百世，他们的革命精神永垂千秋。

为纪念这13位烈士，1988年9月30日，滩头村小组发动村民捐款选址建造滩头烈士纪念碑。

纪念碑为立体四方形，总高约3米，宽2米，占地面积4平方米，为钢筋水泥砌筑。正立面铺砌红色瓷片，其余三面均为碎石米装饰，前面是一条长石阶，四周有低矮的围墙。由滩头村民保护，现状完好。

## 双田革命烈士纪念碑

双田革命烈士纪念碑，位于惠州市惠阳区秋长街道双田村下村坳的山坡上，总高约4米，总宽约1.4 米。整座纪念碑用水泥、灰沙铺砌，五级台阶式基座，建筑面积约20平方米。

1945年6月，日军误以为东江纵队司令部驻在周田（实际是江南指挥部人员在周田住了三天就撤离了），即调动惠州、淡水、惠阳等地2000人分九路包围周田村，中共惠阳县委及东纵游击队领导及时部署秋溪乡600多名民兵，实施反包围战略，伏击日军。因敌强我弱，而双田村民兵从象岭撤出准备回双田村途经巩桥下村坳时，遭到从镇隆、麻溪、双田进犯周田的日军伏击。天刚亮，日军认为是东纵游击队而集中火力向民兵攻来，双田村十多名民兵奋力抵抗和还击，但由于敌众我寡，当场就牺牲了5位同志。

为纪念在此战中牺牲的双田英烈，双田村于1989年修建此碑。该碑一直以来由双田村民保护管理，现状完好。

## 大岭下烈士纪念碑

大岭下烈士纪念碑，位于惠州市惠阳区新圩镇新联村大岭下村小组。

在土地革命战争、全面抗日战争和解放战争中，大岭下党支部党员及村里优秀青年为民族独立解放抛头颅、洒热血，一批优秀儿女为建立新中国献出了年轻宝贵的生命。为缅怀在战争中牺牲的潘东犇、黄德裕、高生、钟谭清、钟进喜、钟戍生、钟才、刁明、钟带、钟伯安、刁亮、叶苟、钟奕标等13位革命烈士，1965年该村就兴建了一座纪念碑。因规模较小，1978年3月重新修建这座纪念碑。立碑至今，每逢清明时节，当地党政部门都会组织扫墓。

## 叶文匡烈士纪念碑

叶文匡烈士纪念碑，位于惠州市惠阳区秋长街道岭湖村鹧鸪岭小山僻静处，周围果林密布。碑园占地8平方米， 2015年惠阳区民政局拨款重新修缮。

叶文匡，广东惠阳秋长鹧鸪岭人，生于1900年。少年时就读于挺秀书院，1922年加入中国共产党。1924年，被上级组织派遣到惠阳发展地下党组织和发动农民运动。1925年，在周恩来、叶剑英带领的东征军到达淡水之前，叶文匡受党的指派，身先士卒潜入淡水侦察情况，协助东征军攻取淡水。根据上级指示，1926年成立了象山特别支部，叶文匡担任特别支部书记。1927年蒋介石在上海发动四一二反革命政变后，淡水国民党反动派到处搜捕和杀害共产党员。面对白色恐怖，叶文匡临危不惧，谢绝了亲友劝他到南洋亲戚家避难的建议，继续留在秋长坚持党的地下活动。1927年，叶文匡在率领农民自卫队与当地反动武装战斗时，身负重伤而光荣牺牲，年仅27岁。

每年清明节之际，街道驻村干部、村委会干部、党员代表、学校师生代表联合前往该碑拜祭，开展扫墓活动，缅怀革命先烈。

## 罗俊同志纪念碑

罗俊同志纪念碑，坐落在惠州市惠阳区镇隆镇高田村河树排岭下山，右侧前方约150米是镇隆四围小学。纪念碑为长方形围形建筑，坐西向东，面积45平方米。

1921年，罗俊结识了陈独秀，开始接受马克思主义思想教育，同年秋冬间，在广州素波巷广东宣传员养成所经陈独秀介绍加入了中国共产党，是东江最早加入中国共产党的人之一。1923年任惠阳县农民协会主席。1926年3月，组织全县农民实行减租减息的斗争。1927年3月任惠阳县公署县长，上任后，发布了取消苛捐杂税，解除农民负担，维护农民利益的布告。1927年8月，中共惠（阳）紫（金）河（源）博（罗）地委把迎接参加南昌起义后南下的叶挺、贺龙部作为中心任务，地委设立军事部，并把惠阳全县农民自卫军编成一个讨逆军团，团部设在四大半围，罗俊任团长。1947年9月29日，罗俊因病去世，时年66岁。

1992年冬，惠阳县人民政府拨出专款，在罗俊出生地新村岭门下修建了罗俊同志纪念碑，以表纪念。

## 叶辅平烈士纪念碑

叶辅平烈士纪念碑，坐落在惠州市惠阳区秋长街道周田村叶挺将军故居东北面腾云学堂后侧的铜古石山腰，为水泥沙石结构。碑体坐北向南，碑高3米，呈五棱柱状，周长5米。碑园占地300平方米，右侧立叶氏九世祖叶太母黄老孺人墓。四周绿化种果，树木茂密。

叶辅平，叶挺将军之胞弟，又名叶全，1902年出生于广东省归善县（辛亥革命后改称惠阳县，现为惠阳区）秋溪乡（现为秋长街道）周田村一户普通农民家里。1925年11月，参加叶挺独立团的组建工作，出任军需主任。1926年5月，参加叶挺独立团北伐先遣队，在强夺汀泗桥、贺胜桥和攻克武昌三大战役中，不遗余力地把后勤支前工作做在前，为保障战役胜利立下战功。1927年初，叶挺独立团进行整编，组成第十一军二十四师，叶辅平升任师军需主任。8月1日，叶辅平参加了我党领导的南昌起义，担任国民革命军第十一军军需处长。1928年6月加入中国共产党。1937年七七事变后，叶挺受中共中央委派，出任新四军军长，叶辅平带领叶钦和、张作民等奔赴南昌，投奔新四军，出任新四军上校军需处长。1939年秋，叶辅平奉命回广东，在由香港押送军用物资途经广西南宁八塘附近时，不幸发生车祸罹难，终年37岁。

每年清明节之际，街道驻村干部、村委会干部、党员代表、学校师生代表联合前往该碑拜祭，开展扫墓活动，缅怀革命先烈。

## 赖章烈士墓

赖章烈士墓，位于惠州市惠阳区镇隆镇黄洞村北面塘一村小组的庵下山腰，占地约10平方米，与曾端烈士墓相距约3米，在曾端烈士墓的右前侧。

1945年4月15日，东江纵队第二支队第一大队副大队长赖章与大队长曾端率突击队进入惠樟公路古塘坳伏击日军车队，在与日军发生激战中，曾端、赖章等壮烈牺牲。为纪念赖章烈士，在广东人民抗日游击队东江总队第二支队主持下，第一大队全体指战员在战斗结束后的当天下午，把赖章烈士尸骸运回镇隆镇黄洞村庵下山，举行隆重的追悼会和安葬仪式。1985年，镇隆镇连湖乡人民政府筹款在原墓址竖立烈士墓碑。

烈士墓为泥土堆成，坐西向东，墓门立一水泥块状碑牌，高1.3米，宽1米。前些年每年清明节前后，黄洞村都组织师生前往吊祭。

## 曾端（曾才）烈士墓

曾端（曾才）烈士墓，位于惠州市惠阳区镇隆镇黄洞村北面塘一村小组的庵下山腰，占地面积约10平方米，与赖章烈士墓相距约 3 米，在赖章烈士墓的左后侧。

1945年4月15日，驻守在镇隆黄洞庵下山庙堂的广东人民抗日游击队东江纵队第二支队第一大队大队长曾端和副大队长赖章带领突击队在黄洞庵下庙出发，直插惠州古塘坳磨刀坑口弯曲处，埋炸弹，布阵伏击日军及军车。敌车队进入伏击圈后，三辆车被炸毁。然而，战斗打响后，日军又疯狂向曾端大队阵地轰击，日军两辆武装装押车增援。激战中，在高处指挥作战的大队长曾端头部中弹，副大队长接着指挥作战，也中弹壮烈牺牲。为纪念曾端烈士，在广东人民抗日游击队东江总队第二支队主持下，第一大队全体指战员在战斗结束后的当天下午，把曾端烈士尸骸运回镇隆镇黄洞村庵下山，举行隆重的追悼会和安葬仪式。1985年，镇隆镇连湖乡人民政府筹款在原墓址竖立烈士墓碑。

烈士墓为泥土堆成，坐西向东，墓门立一水泥块状碑牌，高1.3米，宽1米。每年清明节前后，黄洞村都组织师生前往吊祭。

## 邱翟光、邱声平烈士纪念墓

邱翟光、邱声平烈士纪念墓，位于惠州市惠阳区淡水街道东面，新桥村委会排浪村小组惠澳大道33至34公里路段右侧的排祖山腰——新桥革命烈士纪念碑右侧。

邱翟光（又名丘耀），惠阳淡水新桥横排浪村人，1918年出生，1937年参与创办横排浪农民夜校并任教员，1938年加入中国共产党，先后担任中共排浪村党支部书记、淡水河东区委委员、东江纵队后方勤务处主任及情报参谋等职。1946年6月，东江纵队北撤，留下在广州开展地方工作。1946年11月，与邱声平等人奉中共广东区委指示，回江南地区重建武装，恢复武装斗争，担任中共淡水河东区委负责人。1947年，受党组织委派，在惠、淡、平、白、牛郎径建立税站征收税费，支援部队给养。

邱声平（又名丘平），惠阳淡水新桥排浪村人，1922年出生，1937年参加横排浪壮丁队，1940年加入中国共产党，先后担任中共惠阳县委短枪队队员、东江纵队第二支队军需处主任。1946年6月，东江纵队北撤，留下在广州开展地方工作。1946年11月，与邱翟光一起奉命回惠阳重建武装，负责淡水河东区党组织工作，建立惠、淡、平、白、牛郎径税站。

1947年3月5日晚，邱翟光、邱声平、邱传等人在惠阳县（现惠阳区）沙田肖屋楼金沙布堡垒户周林森家召开干部会议，由于堂下村伪保长通匪告密，被国民党保八团李远青中队200余人重重包围，邱翟光在掩护战友突围中中弹牺牲，时年29岁。邱声平在突围时与敌抢夺机枪时中弹牺牲，时年25岁。他们用生命保护其他参会人员安全撤出了敌人的包围圈。

1948年，横排浪村民为纪念两位烈士，自发捐资在排祖山腰建成此墓。1956年对烈士墓进行了修缮。2001年夏由新桥村委会筹资再次修缮并立墓牌。墓园占地20平方米，墓前沿山腰有一条15米长水泥道直通新桥革命烈士纪念碑。每年清明节前后，当地老同志及附近学校师生都组织前往吊祭。

# 附录三 革命英烈

## 叶挺

叶挺，原名为询，字希夷，号西平，1896年出生于惠阳县秋溪乡周田村。1919年投奔孙中山，赴福建漳州参加北伐，先后任粤军一支队少校副官，一师少校参谋、警备团二营营长，孙中山大元帅府宪兵司令部参谋长兼第一营营长。1924年赴苏留学，同年在苏联加入中国共产党。1925年回国，9月中旬被任命为国民革命军第四军参谋，11月任三十四团团长。1926年1月，三十四团脱离十二师建制，归属第四军军部直接领导，改称为第四军独立团。任团长期间，他率领的独立团在北伐中战无不胜，杀出军威，大显军风，从而赢得了“铁军”称号。1927年8月1日，叶挺与周恩来、朱德、贺龙等人一起领导了南昌起义，担任起义前敌总指挥，在创建人民军队的八一南昌起义中，发挥了重要作用。同年12月，与张太雷、叶剑英、恽代英等人一起领导广州起义，任军事总指挥，同时被任命为工农红军总司令。全面抗日战争爆发后，他以满腔的爱国热情和民族义愤，欣然受命组建新四军并担任军长，为新四军的建立、发展、壮大呕心沥血。

1941年1月，叶挺在与国民党顽军谈判中被扣押。在囚室里，他铁骨铮铮，坚定抗战决心，与国民党顽军进行针锋相对的斗争，并写下了著名的明志《囚歌》表现共产党人忠于革命、视死如归的高尚品质。1946年3月1日，叶挺获释，4月8日在重庆赴延安途中，因飞机失事在黑茶山遇难。

## 高恬波

高恬波，1898年出生。17岁那年考入广州妇孺产科学校。在学校里，高恬波阅读了《新青年》《中华商报》等进步书刊，受到新思潮的影响。1923年春，加入中国社会主义青年团，在广州外围组织——新学生社执委会常委。1924年春加入中国共产党，成为广东第一位女共产党员。10月，任团粤区委妇女协会调查部书记。1926年7月，任北伐军妇女救护队队长，率领妇女救护队13人，全副武装从广州出发，直指湘鄂战场。在攻打醴陵、克平江、夺汀泗、取咸宁、占贺胜、陷武昌等战役中，身先士卒，英勇沉着，不怕牺牲，救死扶伤，被北伐军誉为救护队“女将军”。广州起义失败后，高恬波跟随部队撤退。不久，部队转移到鄱阳湖，高恬波被派到中共江西省委担任特派员，并在省妇女部任职，还兼任交通、会计等职。1929年12月，在南昌执行任务时因叛徒出卖，不幸被国民党杀害，年仅29岁。

## 叶文匡

叶文匡，惠阳秋长鹧鸪岭人，1900年出生。少年时就读于秋长挺秀书院，1922年加入中国共产党。1924年，被组织派遣到惠阳发展地下党组织和开展农民运动。1925年，在周恩来、叶剑英带领的东征军到达淡水之前，叶文匡受党的指派，身先士卒潜入淡水镇侦察情况，协助东征军攻克淡水。根据上级指示，1926年成立了象山特别支部，叶文匡任书记。1927年蒋介石在上海发动四一二反革命政变后，淡水国民党反动派到处搜捕和杀害共产党员。面对白色恐怖，叶文匡临危不惧，谢绝了亲友劝他到南洋亲戚家避难的建议，继续留在秋长坚持党的地下活动。1927年，叶文匡在率领农民自卫队与当地反动武装战斗时，身负重伤，光荣牺牲，年仅27岁。

## 叶辅平

叶辅平，叶挺将军之弟，又名叶全，1902年出生于广东省归善县（惠阳县）秋溪乡周田村一户普通农民家里。1925年11月，参加叶挺独立团的组建工作，出任军需主任。1926年5月，参加叶挺独立团北伐先遣队，在强夺汀泗桥、贺胜桥和攻克武昌三大战役中，不遗余力地把后勤工作做在前，为保障战役胜利立下战功。1927年，叶挺独立团进行整编，组成第十一军二十四师，叶铺平任师军需主任。8月1日，叶铺平参加了党领导的南昌起义，担任国民革命军第十一军军需处长。1928年6月加入中国共产党。1937年七七事变后，叶挺受中共中央委派，出任新四军军长，叶辅平带领叶钦和、张作民等奔赴南昌，投奔新四军，出任新四军上校军需处长。1939年秋，叶辅平奉命回广东，在香港押送军用物资途经广西八塘附近时不幸发生车祸遇难，年仅37岁。

## 蓝璇均

蓝璇均（1906—1929），又名璇坤，字充堂，化名林光荣，广东紫金杏子村人。1924年加入中国共产党，参加广东革命政府的两次东征和省港大罢工，在支援北伐战争中也作出了一定贡献。1929年2月，化名林光荣，奉调海南岛工作，任地委书记。不久遭敌人逮捕，同年5月间被杀害于广州，年仅23岁。

## 蔡素蓉

蔡素蓉（1913—1931），1913年出生于惠阳淡水定南乡土湖村贫苦农民家庭，由于家境窘迫未进过学校。11岁时，便卖给溪水的詹家做童养媳。四一二反革命政变后，她强烈反抗封建制度，毅然走进夜校，参加识字班学习，并加入共青团。1930年冬在淡水散发进步传单时不幸被捕，1931年2月就义，年仅18岁。

### 叶玉莲

叶玉莲（1914—1931），7岁入学读书，1926年考入惠阳县象山学校，受民主主义的熏陶，加入共青团。1930年冬在淡水散发策反传单时不幸被捕，1931年2月就义，年仅17岁。

### 叶阿梅

叶阿梅（1915—1931），1915年出生于惠阳淡水秋溪乡牛郎径贫困农民家庭。8岁入读本村小学，勤奋好学，后因生活所迫初小毕业辍学，卖给他人做童养媳。1928年加入共青团，参加革命活动。1930年冬在淡水散发革命传单时被捕，1931年2月就义，年仅16岁。

上述三位女英雄在淡水小城外晒布岭就义后，国民党反共头子范汉杰下令不准收尸，陈尸三日示众。后人把她们称为淡水“三女杰”。

### 刘克礼　黄世梅

刘克礼（？—1930），黄世梅（？—1930）。为了加强惠州的士兵运动工作（即策反国民党军中士兵进行兵变），刘克礼、黄世梅受县委的派遣进入惠州。黄世梅带着家眷来到惠州，在惠城区环城西路38号建立秘密联络站。黄世梅以做豆腐、酿酒等小生意为掩护，其家属杨氏则以洗衣工为掩护，每天到元妙观国民党军营侦察、联络、搜集情报。刘克礼则化名叶松，经有关人士介绍，打入驻惠州的国民党军营教导团任庶务长，秘密开展兵变策反工作。为了进一步加强惠州士兵运动工作，海陆惠紫特委书记陈舜仪派遣共产党员、黄世梅三弟从海丰黄羌潜回惠州。当时，驻惠州的国民党警备司令林振雄部有1 000多人，刘克礼、黄世梅等经过几个月的秘密策反和教育工作，已经将教导团两个连贫苦出身的官兵争取过来，随时准备起义，接受共产党的领导，投身工农革命行列。就在即将举行兵变起义的关键时刻，教导团一连排长李汉光叛变，向林振雄告密。8月14日，林振雄派兵包围环城西路38号中共惠阳县委秘密联络站，刘克礼、黄世梅不幸被捕。刘、黄二人被捕后，虽受酷刑，但始终坚贞不屈，大义凛然，同年10月7日，刘克礼、黄世梅被杀害于惠州五眼桥。

# 附录四 革命历史文献

## 一、蒋介石、廖仲恺发布攻打淡水城的命令

校長校黨代表命令 二月十四日午后十一時三十分於玉虛宮校本部

陳賊餘孽久稽天討本校長黨代表率師申討誓殲此獠經於本月十四日兵臨淡水跳梁小醜膽敢據城抵抗本校長黨代表不忍我將士兵卒久暴荒野爰特挑選奮勇隊誓於最短期攻破淡水仰爾將士務體此心抱定爲黨爲國犧牲之決心奮勇邁進可進不可退則蕞爾淡水不足平焉仰各勉旃此令

## 二、《革命军之禁令》

革命軍之禁令

縱兵殃民　強姦婦女　搶劫財物

犯上列各款者槍斃

強佔民房　私賣公物　擅封舟車

硬拉伕役　授受賄賂　包賭庇煙

藉勢凌人　借端勒索　調戲婦女

吃食鴉片　強迫買賣　奪取禽畜

犯上列各款者監禁

东征军纪律严明，秋毫无犯。这是1925年3月载于《中国军人》第2号上的《革命军之禁令》。

## 三、《告东征军将士文》

1925年10月1日，第二次东征开始。广州国民政府发布《告东征军将士文》，指出："这一次的东江战争，必是最后一次。必须把敌人完全扑灭。然后不至于死灰复燃。国民革命军一定要尽这个责任。"

## 四、苏维埃政府决议和文告

唤起工农兵打倒地主、军阀；召集各乡村苏维埃代表会议，讨论土地法令和农民运动大纲；扩充赤卫队，从赤卫队挑选部分人员组织交通队、侦探队、警卫队，负责苏维埃的传令、侦查、警卫任务。

# 附录五 红色歌谣、歌曲

## 红色歌谣

扎营不要懒，莫走人家取门板，莫拆民房搬砖石，莫踏禾苗坏田产，莫打民间鸭和鸡。

## 山歌（罗克仁编）

六月割禾正当午，点点汗滴入田土；几多辛苦为别人，打下粮食无米煮。田主收租太过分，连我谷种都量走；番薯没有谷又完，明年唔知怎落种。农友快快来人（入）会，捏成拳头团结紧，减租减息不还债，组织起来斗豪绅。

## 革命歌谣

三四五月饥荒天，穷人冤枉数唔完；
做工好似牛咁苦，经常无米断火烟；
凄惨凄，涯唔讲来你唔知。
三餐吃介番薯粥，放下碗筷饿得哩。
样般好，通家大细喊叫天。
锅头生锈甑挂起，火船靠岸就绝烟，
饥到死，黄昏饥到五更天。
唔晓团结来打算，始终都会无冤伸。

笠帽戴烂水淋头，衫裤着成马龙头；
晚间睡目无帐吊，蚊叼蚊啮真系愁。
可杀万恶国民党，唔怕穷人死清光；
明知饥荒都难过，又来敲诈捐税粮。
唔使慌，大家团结来商量。
消灭豪绅和地主，打倒万恶国民党。
大家加入工农会，全力巩固苏维埃；
拿起刀枪干革命，幸福日子定来临。

## 儿童团团歌

我们是二十世纪的儿童，我们是革命少年的先锋，今天持枪打敌人，奋勇杀敌向前冲！我们是二十世纪的儿童，我们是革命少年的先锋，明天建设新社会，要做国家的主人翁！

# 附录六 大事记

## 1919年

5月初　北京五四运动爆发。

5月中旬　惠州各界声援五四运动。广东高等师范学校学生黄佩伦到惠州发动组织惠州省立第三中学、惠州女子师范学校和各中小学生，成立惠阳县学生联合会。

5月下旬　淡水崇雅等学校师生上街张贴反帝反封建标语，宣传五四运动的意义，在校内反对教授“四书五经”，提倡设立国文、算术、历史、地理、音乐、体操等新课。

5月　惠州省立第三中学联合城区各校成立惠阳县学生联合会，组织各校学生罢课，在城乡开展声势浩大的示威游行和抵制日货等爱国活动。

12月　惠州学生联合会查获两艘从香港私运日货到惠州的商船，将船上所有日货在塘坦（今东江电影院附近）烧毁。市民纷纷前往围观，欢声如雷。

## 1920年

春　学生的爱国行动触犯了奸商的利益，大部分学生采取罢课抗议。最后惠州省立第三中学校方无理开除了一些同学，使学生运动的骨干受到削弱。

11月　惠（州）平（山）公路开工，次年5月举行通车典礼。该路全长33.2公里，是广东最早通车的一条公路。

## 1921年

12月　惠阳的先进知识青年罗俊、黄卓如等在广州广东宣讲员养成所学习，同时加入中国共产党，成为惠阳最早的中共党员。

## 1922年

春　黄卓如从广州回到惠阳县潼湖区，在镇隆乡四大半围新村开办农民夜校，向群众宣传马克思主义。

秋长牛郎楼等村农民响应彭湃领导的海陆丰农民运动，成立了农会小组。秋冬间派叶光班等人到海陆丰参加农民运动。

10月　彭湃亲自到高潭区黄沙乡进行串联发动群众，不久高潭的黄沙、水口、锦江等乡先后建立起农会，组织领导农民进行减租减息斗争。惠阳的高潭、海丰的公平有300余人参加农会。

## 1923年

2月　在海陆丰农民运动的影响、推动下，秋长鹧鸪岭村的叶梅青、周田村的叶全等人出来领导农运，把各村农会小组扩大为村农会。不到半年，秋长的大多数村都成立了村农会，并选出村农会长。

2月　淡水的望尧岗村成立农会小组。

2月15日　成立惠阳县农会。

春　淡水区莲塘面村的叶锡康（象山学校教员）回村与老楼围龙顶小学校长叶佩青，教员叶锡灵、叶昌等人，组织起青年读书会，利用老楼侧角的禾坪旁数间空置房屋，办起贫民夜校。

5月中旬　海丰县总农会改组为惠州农民联合会（又称“惠州十属总农会”），彭湃为会长。下辖惠阳、海丰、陆丰、紫金等县会，曾领导各县反对地主升租夺佃的斗争。

8月　秋长莲塘面村的叶锡康、叶佩青组织40多名农民成立村农会，委派伟仔绍（花名）为会长，叶基为副会长。

## 1924年

春　中共广州地委派共产党员叶文匡从广州回家乡（惠阳秋溪乡）领导农运和筹建党组织。他以挺秀书院为据点开展工作，整顿巩固和发展了秋溪乡的农会，组建农民自卫军。

夏　叶文匡在挺秀书院和农会骨干中发展了叶锡康、叶钦梅、叶梅青、叶祥彤、叶春仁等人加入中国共产党，在挺秀书院成立了党小组，叶文匡任组长。随后党小组着重抓淡水外围各村农会的建立和发展。

7月3日　第一届农民运动讲习所在广州举办，惠阳籍学员高恬波参加了讲习所训练班。

8月21日　第二届农民运动讲习所在广州举办，惠阳籍学员冯卓然、罗克仁（镇隆）参加学习训练。

秋　叶挺赴苏联学习前，亲自回家乡周田村视察农运情况，将带回来的20多支步枪和手榴弹交给农会，武装农民自卫军。

冬　黄卓如、何友逖、叶文匡、罗克仁、黄超凡等一批共产党员被中共广东区委派到惠阳的镇隆、平山、淡水等地开展农民运动，发展党、团组织。

冬　淡水镇青年成立淡水青年新社。

## 1925年

1月1日　第三届农民运动讲习所在广州举办，惠阳籍有黄佩勋、林浩池、罗志白、余子光等4人（均为镇隆人）参加。

2月1日　广州革命政府第一次东征。

2月14日　东征军在新圩击溃敌第五军熊略部后进抵淡水，陈炯明部4000余人据城而守。15日晨，东征军分三路攻城。

2月　东征军攻克淡水后，黄埔军校政治部主任周恩来和苏联顾问等分别在淡水商会和望尧岗召开军民联欢会，宣传东征的重大意义。

4月　惠阳县第九区（潼湖）农民协会成立，会长罗克仁。秋溪乡农会成立，会长叶梅青。

4月　在望尧岗村召开惠阳县第二区（淡水）农民协会成立大会。

春　参加省港大罢工的海员工人刘添（共产党员）从广州回到家乡平潭三角湖村开始发动农民，进行革命宣传。

4月　淡水土湖农民协会成立。

4月　黄卓如、罗俊、何友逖、罗克仁、余子光、罗志白等在惠阳各地宣传发动群众，组织农民协会，先后在潼湖（鸭子埗）、新圩、镇隆等地建立了83个村农会，在横沥区建立了14个村农会。

4月20日　困守惠州的杨坤如部向滇军投降，第一次东征结束。

4月　惠阳县妇女解放协会第一届代表大会在惠州召开。

4月　共产党员叶文匡由中共广东区委派回惠阳，在秋溪乡开展农民运动，建立中共惠阳县秋溪支部，由叶文匡任书记。

8月26日　惠阳、惠州举行廖仲恺追悼大会。

10月1日　国民革命军举行第二次东征，总指挥蒋介石，周恩来为总政治部主任。

10月18日　周恩来随军继续东征时，留下徐天琛、朱祺、何友逖、谭竹山（女）、肖鹏魂（即肖隽英）等人，成立东征军惠州留守处，以肖鹏魂为主任，在惠州开展工农运动，发展党、团组织。

10月　中国共产主义青年团惠阳支部（代号支校）成立，书记朱祺兼。

10月下旬　中华全国总工会和中央农民部派阮啸仙、陈国钧到惠州视察工作，指导筹备成立惠阳县农民协会工作，并决定肖鹏魂等人转为中共党员。

10月　中共镇隆四大半围支部成立，书记罗克仁，党员有罗克仁、余子光、罗汉珊、罗志白、温毓明、张仲鸣、杨维青、朱卫鉴、杨植棠等9人。

11月初　中共惠州特别支部成立，书记朱祺，党团员人数31人。

11月11日　惠阳县农民自卫军（又称惠阳县义勇军）成立，黄卓如任指挥。

11月16日　惠阳县第一次农民代表大会在惠州召开。

11月至12月间　惠州车衣工会、东江船业工会、惠州（茶居酒楼）制饼工会先后成立。

11月21日　周恩来被广东国民政府任命为东江行政委员。在主持惠（州）潮（州）梅（州）地区25个县地方行政工作期间，他革除弊政，整饬吏治，裁撤和严惩原惠阳、普宁、潮阳等县不法县长，政绩显赫，被誉称“启政府与人民合作之机，开东江政治之新纪元”。

12月　平潭三角湖村农会正式成立，会员30多人，会长刘添，副会长刘元。

1925年冬至1926年初　叶文匡按照广东区委的指示，带领秋长、淡水周围各村的农军多次利用晚上攻打镇隆大山下的反动地主。

## 1926年

春　中共惠阳县象山特别支部成立，书记叶文匡。

1月1日　惠州举行军民庆祝元旦联欢大会。第六军军长程潜、党代表林祖涵、苏联顾问铁罗尼到会并讲了话。会后举行大游行。

1月　中国共产主义青年团四大半围支部成立。

1月　根据广东区委的指示，撤销中共惠州特别支部，成立中共惠州地方执行委员会（简称“中共惠州地委”）。

3月12日　惠州各界人民1万多人召开大会，声援省港大罢工，发动各界人民募捐筹集资金，接济罢工工人的生活。会后举行大游行。惠阳县淡水、平山等地农民联合各地农民拦截陈炯明部属杨坤如在澳头一带偷运粮食到香港的车辆。

春　惠阳县农民自卫军团成立。

春　惠州工人运动委员会成立。

春　叶锡康按照党的指示，发动沙坑、周田等村进步青年100多人成立沙（坑）周（田）青年鼎新会。

春　中华全国总工会省港罢工委员会纠案队驻淡水办事处成立，主任聂平。

4月　根据广东区委的决定，中共惠州地方委员会（简称“中共惠州地委”）在惠州成立。

4月　中共镇隆四大半围高田支部成立。

4月　中共镇隆井龙支部成立。

4月　第一届惠阳县妇女协会代表大会在惠州召开。

4月　东江行政委员周恩来下令罢免包庇右派的惠阳县长罗伟疆。群众称此事“破天荒第一回”。

5月1日　中午12时，由中华全国总工会省港罢工委员会工人纠察队驻淡水办事处和淡水各团体共同发起在淡水圩内谭公庙前空地，举行纪念“五一”集会，共有3 000多人参加了这一有史以来首次纪念国际劳动节的活动。

5月　惠州民众在第一公园开会，到会的有国民党党部、工农兵学商及第六军代表10余人，民众及军队1000人。

5月15日　广东省农民代表大会选出农会第二届执行委员会，执行委员13人，候补执行委员5人。惠州的朱观喜、何友逖分别被选为执行委员和候补执行委员。

6月初　黄卓如、罗克仁、余子光率领四大半围100多名农军围攻吴两德炮楼，打垮反动民团，收缴了枪支。

6月　镇隆农军在四大半围马鞍山举行农民自卫军武装检阅大会，参加的农军1000多人，农民群众4000多人，进行长达30华里的武装示威游行。

7月　惠阳县的农民运动蓬勃发展，至本月止，全县有区农会6个、乡农会181个，会员1.3万人，农民自卫军发展到1560人，其中义勇军60人、警备军1500人，居惠属各县的首位。

7月15日　军阀陈炯明残部纠集惠阳淡水土匪和地方反动武装共200多人，围攻中华全国总工会省港罢工委员会纠察队驻淡水办事处，枪杀办事处主任聂平和宣传干事谭荣、刘全。

9月　中共惠州地委书记肖鹏魂和惠州特派员朱祺调回中共广东区委工作，李国英接任中共惠州地委书记和中华全国总工会驻惠州办事处主任。广东区委派蓝璇坤来惠州指导各项工作，广东省农会驻惠州办事处主任由何友逖继任。

9月　惠州工人代表大会办事处撤销，成立惠州总工会。

## 1927年

1月6日　惠阳县县长陈贞瑞出卖淡水区、鸭子埗区、平海区、平潭区、龙岗区等区长名单，得赃款数千元。国民党党部全省代表大会一致表决函请政府撤职查究。

1月　中央特派员（又称东江特派员）蓝璇坤从香港回到惠阳，在镇隆四大半围开展革命活动。

4月16日　国民党第十八师师长、惠州警备司令胡谦调动军警，配合黄色工会包围、搜查惠阳县农民协会和惠州工人代表大会执行委员会办事处，中共惠州地委书记李国英以及工会、农会干部余子光、何聪，罗克仁、罗汉珊、谢鸿恩等17人被捕。

4月18日晚　潼湖农村联防办事处主任黄卓如根据四大半围农会的计划，率领农军30余人化装进入惠州城郊，未发一枪，抢救和护送被困在惠州城的惠州地委领导人蓝璇坤越城转移到镇隆乡四大半围。

4月下旬　张重耳（来淡水革命的兴梅人）、潘鼎铭被捕，先后被杀害于淡水惠州。

5月　广东区委决定，派蓝璇坤任中共惠州地委书记。随后派黄雍到东江巡视考察，决定准备重组武装积蓄力量，伺机再次举行武装起义。

8月下旬　中共惠（阳）紫（金）河（源）博（罗）地方委员会（又称特委）在惠阳县潼湖区四大半围成立，书记蓝璇坤。

8月下旬　惠阳党组织与国民党左派陆一鸣等在四大半围联合建立广东省肃清反革命委员会，发出快邮代电：“告全国同胞书”和“告国民党将士书”，声讨蒋介石叛变革命，祸国殃民的十大罪状。

8月　惠阳县农民自卫军改编为惠阳县工农讨逆军一团，团长罗俊，指挥黄卓如。团部设在四大半围。

秋　在马（安）平（潭）新区区委刘添、刘元、何聪领导下，平潭三角湖村成立了共产党支部、共青团支部和儿童团。

9月　根据中共广东省委指示，惠州暴动委员会成立。

10月　惠阳县工农讨逆军改编为惠阳县工农革命军团队，团队长罗俊，副团队长黄卓如。

11月　东江特委派林道文随同省委巡视员黄居仁到惠阳县整理党务，宣布撤销中共惠紫河博地委，成立中共惠阳县委员会，以蓝璇坤为书记，委员杨维青等。

12月　惠阳县委为加强对武装暴动的领导，在潼湖区镇隆乡四大半围成立了惠阳县临时军事委员会，主席蓝璇坤。

12月13日　惠阳县委军委委员黄卓如率赤卫队300多人举行武装暴动，攻打镇隆圩。

12月18日　惠阳县委根据广东省委指示，继续扩大武装暴动。潼湖镇隆四大半围农民起来抗租，平山、淡水、多祝一带农民也起来暴动。

12月　潼湖区委成立，书记曾统。

## 1928年

1月1日　省委派巡视员黄钊到惠阳，在林道文陪同下到白花、惠州、横沥、四大半围等地巡视工作。

1月　中共广东省委决定黄居仁任中共惠阳县委书记。

1月　县委在望牛岗召开了有30个党支部书记，近百个区、乡、村农会会长参加的武装暴动会议。

1月20日　镇隆大山下反动地主的反动民团武装向四大半围根据地发动进攻。黄居仁等率四大半围农军奋起反击。惠阳县委组织淡水、平山、秋长等地农军，配合攻打惠阳镇隆大山下反动地主武装。

2月22日　惠阳县农民协会发表《为举行农民暴动告农民书》。

2月26日　黄居仁在惠阳镇隆四大半围岗头村杨氏宗祠主持召开全县第一次工农兵代表大会，大会选举产生惠阳县苏维埃政府组成人员。

3月　中共中央委员、广东省委常委恽代英与李海涛、杨石魂等从香港来镇隆四大半围，指导惠阳县委工作，多次召开县委重要会议。恽代英在县苏维埃政府驻地杨氏宗祠主持举办县区苏维埃成员、党团书记、赤卫队领导人政治学习班。29日，广东省委派恽代英在四大半围与黄居仁、蓝璇坤、杨石魂等召集会议，组织策划第三次平山起义，准备集中各地赤卫队进攻平山。

4月4日　敌徐景棠部纠集地主武装“围剿”惠阳县镇隆的新村、高田等地，区、乡农会干部张娇、罗桂芳等14人被捕。

4月13日　惠阳县委常委戴云芳当选为中共广东省委候补委员。

4月30日　惠阳县委黄居仁和林道文发动淡水周围的望牛岗、旱田坳、独松、鲤麻寨、上下土湖等地的农民1500多人举行武装暴动，反抗国民党反动派在淡水圩各乡对农民摊收人头税。

5月4日　惠阳县委召开常委扩大会议，改组第三任惠阳县委员会，选举戴云芳、李国英（秘书）、林道文、邓一柱、曾统、叶锡康为常委，戴云芳为书记。

5月10日　广东省委派巡视员陈崎坦到惠州巡视。

8月　中共惠阳县委机关报《真理报》（旬刊）在四大半围创刊。

8月　全县建立支部45个，党员达860人。

冬　蓝璇坤从香港回到淡水等地，召集分散隐蔽于各地的党员，重新组织革命斗争，先后在淡水、平山、白花、梁化、横沥等地成立中共区委会，在潼湖设立总支部。

12月6日　中共广东省委扩大会议决定，省委候补委员何大仇兼任惠阳县委常委。

## 1929年

1月　海陆惠紫四县暴动委员会改组为海陆惠紫革命委员会，主席团由陈舜仪、古鸿江、彭桂、钟定香、杨其珊组成。

2月　为加强城市工作，中共惠阳县委在惠州成立两城（府城、县城）工作委员会，由唐奎（印务工人）、黄义（理发工人）、冯文晃（省委派来帮助工作）3人组成，以冯文晃为书记，县委委员一夫（叶锡康）亦参加。

3月　广东省委常委周颂年来惠阳巡视，主持整顿县委。

3月　中共淡水圩工委成立。

3月　惠阳县济难会成立。

4月9日　惠阳县委发出反饥荒斗争总口号。

4月　惠阳县委部署扩大士兵运动工作的领导，决定各区委支部派一人到惠州工作，二区的黄全到淡水当警卫队队员，七区区委与横沥警卫队协作进行训练，三和圩警卫队由王坤负责发展组织，条件成熟时成立士兵委员会。

4月19日　中共广东省委决定改组惠阳县委，以钟燕林为书记，钟燕林、曾统、钟战群为常委。

9月　淡水区挑盐工人自发起来反对关卡，打击盐警，围缴其枪械。多祝区挑夫反抗海丰民团压迫，挑盐女工打击收税人员，惠州、淡水、稔山的工人散发传单，掀起抗捐罢市热潮。

11月1日　撤销巡视员，恢复惠阳县委，书记陈允才，委员陈允才、刘青山、傅燊霖、高××、楼××。

11月 共青团海陆惠紫特委成立，管理惠州十属团组织。

11月 由于起义失败，1928年2月成立的惠阳县苏维埃政府解体。本月重组惠阳县革命委员会，主席陈允才。

## 1930年

春 广东省委调惠阳秋溪乡周田模范支部的贫农青年、优秀共青团员廖娇（廖似光）到香港掩护少共省委机关，担任少共省委书记何凯丰的政治交通保密员。

5月 海陆惠紫特委书记陈舜仪派黄开（中共党员，秋溪乡人）从海丰县黄姜回惠阳，负责惠州情报和兵运工作。惠州工委成立，书记黄开。

5月 惠阳县委在惠州环城西路38号建立秘密联络站。县委书记刘克礼、县委宣传委员刘高（叶青）、黄世梅、陈仪等秘密到惠州策划暴动。派团县委书记朱快鸣打入惠州民国日报社任副总编辑，掌握宣传喉舌。

8月 党团工会合并，在淡水土湖成立惠阳县行动委员会（简称“暴委”），主任陈允才，副主任叶青（刘高）。

8月14日 潜入惠州开展兵运工作的惠阳县委书记刘克礼和红四十九团派来搞士兵运动的黄世梅（中共党员，秋溪乡矮岭人）在策动国民党教导团两个连队士兵运动时，在环城西路38号惠阳县委秘密联络站被敌一排长告密而遭逮捕。10月7日，英勇就义于惠州五眼桥。

11月 惠阳县行动委员会撤销，恢复中共惠阳县委，书记陈允才，委员刘高、傅桑霖。

12月 惠阳县淡水区红色少年先锋队队员、共青团员蔡素容、叶玉莲、叶阿梅（均为女性）执行团惠阳县委和淡水区委的指示，潜入淡水城内散发革命传单，策动敌军兵变，鼓动工人市民进行抗捐抗税抗丁斗争时被捕入狱。1931年2月20日，在淡水晒布岭同时就义，被称为淡水“三女杰”。

冬　惠阳县青年游击大队在惠阳多祝成立。

## 1931年

2月　惠阳县青年游击大队先后攻打多祝、梁化、新圩、潼湖等地民团，取得战斗的胜利，保卫了农民抗租抗息斗争，扩大了暴动的影响。

7月　惠州县委员会（又称惠阳中心县委）在惠阳县谢洞成立，书记陈允才，组织部长叶青（刘高），宣传部长蔡步墀（聚）。

惠州革命委员会成立，主席陈允才。

8月　惠州县委发出开展反帝反国民党、拥护红军与夏收斗争为中心的决定，发动农民和革命士兵暴动，实行土地革命。

惠州县委机关月刊《少年先锋》在淡水土湖创刊，主编蔡步墀、张仲鸣。

10月　在惠州县委领导下，团惠州县委发动淡水区塘尾、莲塘面、滩头、矮岭仔、周田、上土湖、下土湖等7个团支部，以团员为骨干组织了40多人的敢死队，袭击作恶多端的新圩田亩捐税所，击毙田亩捐税所警卫队队长刘英和田亩捐主任丘中奇。

9—10月间　惠州县委领导淡水、上下土湖、新圩、镇隆、潼湖等地农民举行夏收暴动，开展抗租抗粮斗争。

10月　惠阳开始反“AB团”，从县到区有不少干部被诬陷为“AB团”成员，被拘捕的两人遭残杀。

12月　惠阳工农游击队第一大队第一中队大反“AB团”，陈昌荫、刘昌荣、陈专、叶胜、叶麟、曾其良、曾士金等被逮捕。经群众大会通过把陈昌荫等人枪毙。

冬 共青团惠阳县委书记朱快鸣因“AB团”事件受牵连，团县委书记由刘来（刘志远）接任。

## 1932年

2月 镇隆四大半围村党总支部恢复活动，书记张仲鸣，组织委员黄志平，宣传委员吴晋波。总支辖陂塘角、岗头、新村、高田等党支部。

4月19日 惠州县委发出淡（水）镇（隆）横（沥）梁（化）区反革命事变的教训与当前反对反动派别斗争的任务指示，指出：淡镇横梁区党内存在错误。

5月5日 惠州县委发表《为加强发展党的组织而斗争》的文章，介绍淡水区党组织最近的斗争经验与教训。

7月12日 惠州县委和惠州革命委员会发布《夏收斗争口号》和夏收斗争传单。

7月23日 惠州县委发出《为“八一”国际赤色示威纪念南昌暴动告群众书》。

7月27日 淡水、鸭渡、平山、多祝等区举行各乡代表大会和联乡代表大会。

8月 淡水区委书记刘庆初到下土湖工作时，被反革命分子林佛子、林子如等捕去暗杀灭尸。

9月 惠州县委进行改组。县委书记陈允才调中共两广省委任组织部长，县委书记由刘高（叶青）接任，组织部长邹秀，宣传部长蔡步墀。

10月 共青团惠阳县委书记刘来（刘志远）调两广临时工委工作，团县委书记由郑怀昌接任，蔡汉民为团县委组织部长。

淡水、鸭渡、白平、横梁、多祝、稔山等区召开会议部署中共惠州县委第三号通告，进行秋收斗争来纪念十月革命。

10月8日　惠州县委书记叶青（刘高）在淡水下土湖新寮坝主持召开秋收斗争动员大会，到会群众2000余人。大会遭国民党军队包围镇压，放哨的赤卫队员龚日等两人在掩护群众疏散时中弹牺牲。

11月12日　两广省委书记潘洪波被捕叛变，致使党、团省委机关、香港市委接连被破坏，省委领导人陈允才、陈金华，香港市委书记陈腾胜，团两广工委代理书记刘来等20多人被捕。

12月　中共惠州县委改为中共惠阳县委，由蔡步墀任书记，邹秀任组织部长，蔡汉民任宣传部长，陈仪任妇委书记。

冬　惠阳县青年游击大队一分为二，一部编入东江红军独立师，一部北上江西与中央苏区红军会合。

## 1933年

12月　国民党军张达第五师驻惠后，用改良、欺骗、强迫自新、保甲、小乡、大乡的炮台政策（到处筑碉堡、炮楼），全面封锁并切断了苏区之间和苏区与外界的联系，严重摧残了中共惠阳县委及各区委的联系。

## 1934年

9月　蔡步墀被省委派回惠阳县委主持工作。

9月下旬　香港工委被严重破坏，书记郑怀昌被捕（11月在广州就义）。从此，作为中共广东省一级的党组便被迫暂时停止了活动，惠阳县党组织失去了上级的联系，地方党组织处于解体状态，党员分散在各地掩蔽，分别用不同方式坚持革命斗争。

10月　惠阳县委由张仲鸣主持工作。

## 1935年

春　淡水区矮岭仔党支部书记黄开率领13名党员到荒山野岭开垦荒地。为掩护身份，挂牌“大同农业公司”。该年冬，收获稻谷200多担，除解决党员生活外，大部分救济贫苦农民。

12月9日　北平爆发“一二·九”运动。

## 1936年

春　淡水的进步青年邓秀芳、古维进、王慕英、蔡端等在淡水组织生活读书会，在横排浪、常柏田、望牛岗等农村举办农民夜校，团结各阶层青年，宣传共产党的抗日政治主张。

## 1937年

2月　南方临时工作委员会派李志坚、彭泰农到惠阳县平山活动，发展了卢伟如、黄道明、叶子良等人加入中国共产党，建立了中共惠阳县简易乡村师范学校支部，书记叶子良（即叶桨）。

4月　在香港工委与海员工委的领导支持下，香港惠阳青年会成立（简称“惠青”）。

8月　淡水青年教师陈志期、黄固、古曼心、古锡章等组织了淡锋救亡工作团（以中小学教员为主），团长陈志期。以店员工人和生活读书会会员为主成立淡声救亡工作团，团长邓秀芳。

秋　黄闻、陈培、蓝造、陈永、陈通、黄业等人组织成立海岸流动剧团，团长黄闻。

## 1938年

1月上旬　香港惠阳青年会回乡救亡工作团第二批20人由叶锋、朱快鸣带领回到惠阳淡水，团长严尚民，工作团支部书记朱快鸣。工作团成立中共支部，书记朱快鸣，组织委员叶锋，宣传委员严尚民。

1月中旬　中共惠阳县淡水区委员会成立。

1月　新圩第一个抗日宣传队成立。

春　惠青开始注意掌握武装队伍。不久，各地抗日武装纷纷组织起来。

春　淡声、淡锋两个救亡工作团在惠青的指导帮助下合并成淡水文化界抗日救国工作团，团长黄达三（即黄史楷，中共党员），副团长陈志期、邓秀芳。

春　惠阳县第二区（淡水）抗敌后援会成立，主任严尚民。

5月　黄岸魁、陈永年、蓝造、黄业等组织成立坝岗抗日自卫队，队员30多人，有20多支枪。

7—8月间　惠青救亡工作团争取了驻淡水的国民党军何联芳旅长的支持，在崇雅中学举办了一个为期两个月的惠阳沿海青年自卫武装干部暑假军事训练班。

12月　惠阳在穗同学暑假回乡服务团20余人，在谭家驹等带领下，用唱歌、演话剧等形式宣传中国共产党的抗日主张。街头剧有《放下你的鞭子》《野老虎》《飞将军》等。

10月1日至10日　日本侵略军每天出动数十架飞机在惠州城上空用机枪扫射，抛炸弹，整个惠州一片火海，19条街变成废墟，炸死300多人，炸伤100多人，大部分商店民宅被毁灭，成千上万人无家可归。

10月12日凌晨　日军4万余人在100多架飞机掩护下，分乘500余艘舰艇强行在惠阳县大亚湾登陆。

10月11日至12日　日军飞机对淡水狂轰滥炸。淡水几条主要商业街三胜街、杂货街、泰和街等共480多间房屋被轰炸烧毁，居民被炸死炸伤的至今无法统计，淡水河几十条货船、油船被炸毁后烧了三天三夜。13日，日军占据淡水，淡水第一次沦陷。

10月14日下午　日军30多人乘一艘摩托登陆艇登上坝岗海滩，到坝岗圩东侧的西乡围村奸淫抢掠，遭到坝岗抗日自卫队的袭击，20多支枪同时开火，日军丢下抢到的牲口、财物往海滩跑。

10月15日　惠州第一次沦陷。日军进占惠州城后，大肆烧杀3天，大火10天不息。12月7日，日军退出惠州，撤离前将连接惠州东西城的唯一桥梁东新桥和城内其他桥梁近秀桥、横槎桥、圆通桥也炸毁。

10月　惠州沦陷后，日军窜到马安、水口、三栋、永湖、淡水、坪山、潼湖等乡村，共烧毁房屋2000多间，屠杀村民1000多人。

10月　惠阳县党组织领导的民众抗日自卫队，在澳头、淡水、坑梓、小桂山、坝岗、常柏田、横排浪、新圩蔡溪子等地奋起抗击日军的入侵。如坑梓抗日自卫队在新桥围阻击敌人，常柏田游击队在洋塘伏击敌人。

10月24日　曾生、谢鹤筹、周伯明奉命组成东江工作组，带领一支由共产党员、进步青年60多人组成的队伍回到惠阳坪山。30日，成立中共惠宝工作委员会，曾生任书记，谢鹤筹任组织部长，周伯明任宣传部长。12月，成立了淡水、坪山、平山3个中心区委。

11月1日　根据广东省委的指示，东南特委为了在惠（阳）宝（安）地区组织建立人民抗日武装，动员香港惠阳青年会、余闲乐社、惠坪乐善公所等惠属团体，组织7批抗日救亡工作团共200余人回到惠阳工作。

11月　驻淡水日军出动一小股到茶园抢劫，该村自卫队在叶汉生、叶维儒领导下打击日军。次日日军出动100多人来茶园报复，自卫队在老鸦山村伏击，击毙日军1名。

12月2日　惠（阳）宝（安）人民抗日游击总队在惠阳县秋溪乡周田村育英楼成立，总队长曾生，政委周伯明，副总队长兼参谋长郑晋（郑天保），有100多人。同日，中共淡水区工委在周田叶挺家对面的沙梨园成立。

12月7日　日军收缩战线撤出淡水。常柏田自卫队的高健、高宏、高固、高远、高乔乘敌撤退之机首先突进淡水，捣毁日伪维持会，击毙伪警长罗贤，砍伤伪维持会副会长、汉奸吴带（次日抓获枪毙），伪维持会会长曾庚黑夜潜逃时跌死在桔子朗万年坑的深山沟里。

12月10日　淡水区在淡水祖庙召开成立抗日民主政权的群众大会，到会的各界代表500余人。通过民众选举，成立东江地区乃至华南地区第一个抗日民主政权——惠阳县第二区（淡水）行政委员会。

## 1939年

1月中旬　以惠青救亡工作团和回国抗战的惠属华侨青年为基础，在惠阳县淡水镇正式成立东江华侨回乡服务团（简称“东团”），团长叶锋，副团长刘宣。以惠青救亡工作团为基础成立东团第一分团，团长钟仕开，副团长黄云鹏。

1月13日　东团主办的《东江》周刊在惠阳淡水创刊。

1月　在东团第一分团各地工作队的发动下，新圩、坪山、长潭、秋溪、长兴、镇隆、麻溪等乡成立抗日同志会。

3月　广东青年抗日先锋队东江区队在惠阳县成立。

4月　东团团部由淡水迁到惠州，在西湖边的煜庐办公。

5月9日　惠（阳）宝（安）人民抗日游击总队取得国民党军队的合法番号，改编为国民党第四战区游击指挥所第三挺进纵队新编大队（简称“新编大队”）。

6月　中共惠（阳）宝（安）工委撤销，成立中共惠阳县委。

7、8月　“七七”“八一三”两个纪念节中，惠阳各地召开群众大会，进行募捐、献金、慰劳前方将士和抗战军人家属等活动。

9月初　日军再次在惠阳县大亚湾登陆，占领葵涌、沙鱼涌等沿海地带，封锁大鹏湾海面，切断内地与香港、南洋的国际通道。12日，曾生的新编大队单独夜袭葵涌和沙鱼涌。

10月　妇女抗日“姐妹会”在惠阳的会员达900人，居东江各县之首位。

11月　根据广东省委决定，撤销中共东南特委，其下属组织分别划给中共东江特委和中区特委。惠阳和东莞、宝安的党组织划归东江特委领导。

11月下旬　澳万乡支部委员陈可永率20多名来自黄鱼涌的代表到淡水国民党区署请愿，要求在沿海地区停止推销鸦片。

11月　惠州区委在惠阳县麻溪成立，书记由惠阳县委派到惠州开展工作的原大鹏区委书记钟原担任。大鹏区委书记由蓝造接任。

## 1940年

1月　根据中共东江特委的决定，中共惠阳县委扩大为中心县委，书记黄宇，副书记兼组织部长谢鹤筹。

3月1日　为对付国民党顽固派加紧部署消灭中共领导的抗日部队——新编大队和第二大队的行动，东江军委和这两个大队的领导人在惠阳县坪山竹园村召开紧急军事会议，决定将部队东移海陆丰。

4月　国民党广东当局强行下令解散东江华侨回乡服务团和广东青年抗日先锋队。5月31日晚，国民党反动军警包围东团队员在惠州的住地、张友仁的住所——荔晴园，非法逮捕留守东团总部坚持反迫害斗争的黄志强、严英等11名东团队员。6月初，无理封闭东团总部煜庐，下令通缉东团团长叶锋，包围东团惠阳队驻淡水队部，捕去队长钟仕开及队员曾文、刘玉珍等12人。至此，东团在内地公开合法的活动被迫停止。

7月　中共东江特委分为前方东江特委与后方东江特委。中共东江前线东江特别委员会（简称“前东特委”）在惠阳县淡水正式成立，书记尹林平（兼），副书记兼组织部长黄宇（吕良）。

8月　惠阳中心县委撤销，恢复惠阳县委，书记谢鹤筹，组织部长卢伟如（兼武装部长）。

8月下旬　曾生、王作尧部队在海陆丰接到中共中央“五八”电报后，东江特委和惠阳县委派叶基前往联系，沿途在高潭、多祝、白花、大山口、桔子朗、坑梓、北岭、大小梅沙、小三洲等地安排好粮食和向导。部队经过10多天秘密行军，于9月初安全返回宝安抗日前线布吉乡的上下坪村。

9月中旬　前东特委在宝安县布吉乡上下坪村召开东江人民抗日武装中队长以上的干部会议，学习讨论中共中央“五八”指示，总结部队东移海陆丰的教训，决定将东江人民抗日武装改称为“广东人民抗日游击队”，把惠（阳）宝（安）人民抗日游击总队和东（莞）宝（安）惠（阳）边人民抗日游击大队整编为广东人民抗日游击队第三大队和第五大队。

秋　中共惠阳县岚派特别支部成立。

## 1941年

2月4日（农历正月初九）　日军再次在大亚湾登陆，淡水第二次沦陷。

2月　高健、叶基率领的抗日武装在投圩坳伏击从淡水东门出发向洋塘进犯的二三十名日军，伤敌数名。

3月　惠阳县委领导的由高健、叶基组织起来的抗日武装，奉令分别组成长杆队（长枪队）和短枪队。

6月　矮岭仔附近严四寮的土匪严道东等人在沙坑下水径打死惠阳县委交通员叶维新（中共党员，从黄沙带文件去沙坑），缴去左轮手枪一支。县委令短枪队消灭这股地方土匪。短枪队由黄忠率领10多人，在矮岭仔地方党组织配合下，击毙土匪4人，伤其1人。

11月　为统一指挥惠（阳）宝（安）边界的武装斗争，建立以坪山为中心的惠宝边根据地，根据上级指示，由尹林平主持在田心叶生伯家成立中共惠阳前线工作委员会，由谭天度任工委书记，组织部长兼武装部长高健，宣传部长叶锋。

12月7日　日本偷袭珍珠港，太平洋战争爆发。

12月下旬　因日军侵占香港，中共中央南方局书记周恩来指示八路军驻香港办事处负责人廖承志，尽一切办法抢救滞留香港的爱国民主人士和文化界知名人士，将他们转移到后方安全地带。

## 1942年

1月2日　廖承志与连贯、乔冠华由香港抵达惠阳县坪地石桥坑，会见了曾生、王作尧等人，研究布置惠阳地段营救护送和接待文化人工作，并检查了淡水茶园、惠州等交通站的护送接待工作。

1月　尹林平到惠阳县坪（山）龙（岗）地区，部署惠阳县和惠阳前线工委开展秘密大营救工作。

2月3日　日军由东江河、惠樟公路、淡水三路再次进犯惠州，守军不支，5日惠州第三次沦陷。日军进城后进行报复，洗劫3天，居民3000余人遭杀害。

2月8日　惠阳大队在溪涌村，从海上救回美军轰炸香港时被日军战斗机击落跳伞的飞行员伊昆中慰。

2月14日　茅盾、以群、胡仲持、廖沫沙等一行40多人在中共惠州区委书记蓝造和惠阳大队护送下，从沙坑茶园出发，经永湖、三栋，15日凌晨2点到达惠州，然后乘船往古竹、老隆转送韶关等地。

3月　中共惠阳县委书记由卢克敏接任。

5月14日　广东人民抗日游击总队惠阳大队在横岗东北约5公里的铜锣径伏击由横岗去碧岭抢粮的日军骑兵分队。在彭沃指挥下激战数小时，毙敌15人，伤敌20多人，打死战马31匹，缴获战马3匹。

7月　惠阳县委转为单线领导后，对党员提出群众化、合法化、社会化、找职业、交朋友，团结各阶层抗日战友。为安置党员的工作，县委蓝造决定在新圩大老坑办制油厂，生产樟树油，由蓝造任总经理。

## 1943年

1月1日　刘培独立中队根据总队长曾生关于拣弱的打，把顽军安在大鹏半岛的“钉子”拔掉的指示，在惠阳县坝岗坳伏击顽军陆如钧部，战斗10多分钟，全歼其王玉如中队50多人，其中毙伤敌20余人，俘敌30余人，缴获轻机枪2挺、步枪30余支。

春　郑重回到惠阳淡水，负责联系惠阳东、西、中部和海陆丰的特派员。

6月　日军占据惠阳大亚湾三门岛，建立海军基地，收编汕尾海匪成立“中华民国广东省反共救国海军第四总队第四大队”，以陈强为大队长，驻扎马鞭岛。日伪联合封锁大亚湾海上交通线，控制东江抗日游击队在沿海一带的活动。

8月　惠宝人民抗日独立中队在大鹏枫木浪村扩编为广东

人民抗日游击总队护航大队，共400多人，大队长刘培，政委曾源，副大队长叶基。活动于大鹏湾、大亚湾及大鹏半岛和稔平半岛一带，担负海上作战和护航任务。

9月中旬　护航大队和惠阳大队独立小队由坝岗登船、南边灶登岸，夜袭驻澳头的惠淡守备区经济游击总队独立中队（王竹青任副总队长兼独立中队队长）。

12月2日　经中共中央批准，在广东人民抗日游击总队原有基础上于惠阳县土洋村成立广东人民抗日游击队东江纵队，司令员曾生，政委林平，副司令员兼参谋长王作尧，政治部主任杨康华，副参谋长梁鸿钧，下辖7个大队共3000人。

年底　护航大队集中赖祥中队、袁贤独立小队、大队手枪队和海队攻打驻霞涌的国民党顽军周义心大队的叶维屏中队（70多人，机枪2挺，即惠淡守备区经济游击总队第三大队第八中队），毙伤其40多人，叶维屏中队次日撤回稔山，霞涌圩被收复。

冬　曾生指示叶锋组建惠阳人民抗日自卫大队，叶锋任大队长兼政委，副大队长曾加。

## 1944年

2月中旬　国民党顽军2个营及3个保安大队，配合伪军向我大亚湾后山等地进攻。东纵坚决抗击，毙伤伪、顽军中队长以下40多人。

春　天大旱，香港大批饥民涌入淡水、惠州、深圳。为救济灾民，帮助农民解决生产上的困难，惠阳县生产救济会成立，由叶锋任会长，廖荣铿任副会长。以坪山为活动中心，还组织了油榨合作社、石灰合作社、妇女合作社等生产互助性组织。

5月2日　国民党顽军集中2500余人，在罗懋勋的指挥下，分两路向大鹏、葵涌地区进攻，企图把中共广东省临委领导机关和东纵司令部及主力部队压缩到葵涌、王母圩一线予以消灭。曾生、尹林平亲自部署和指挥作战。在东线以护航大队指挥大鹏联防大队和抗日自卫队及直接参战的人民群众，设置了三道防线，从澳头开始节节阻击顽军，在坝岗坳、叠福径、笔架山等地进行阵地防御，依险阻击；大摆地雷阵，炸死炸伤顽军约100人，炸得顽军无法从沿海突破。

7月　惠阳县掀起献谷运动。惠阳以坪山为中心，举行万人大会纪念七七事变和九一八事变。在坪山召开的纪念九一八事变十三周年的惠阳青年大会中，群众热烈拥军，当场献谷1 500余担，代金10万元。献谷数量超出原定的2倍。

7月　东宝行政督导处成立，谭天度为主任，领导东宝地区各区、乡抗日民主政权。

夏　铁城队（路东区的保卫队）队长叶志强率队员曾送、巫伟光、戴才、曾发、戴新趁淡水圩日，化装成赶集的农民，在当地少年练贤韬配合下，奇袭淡水铁桥东侧日军岗哨，战斗10多分钟，歼灭日军一个排10多人，缴获机枪1挺、子弹两箱。东江纵队《前进报》以“落花流水一战斗”为题报道了此次战斗消息。铁城队受到上级嘉奖。

8月　彭沃带“五虎队”到惠阳县活动。

秋　以东江纵队护航大队（独立第四大队）为主体，吸收愿意与我们合作共同抗日的农工民主党武装大鹏联防大队等在澳头组成大亚湾人民抗日自卫总队，总队长陈友芳，政委曾源，副总队长兼参谋长叶基。

10月初　美国第十四航空队派欧戴义博士经惠州到淡水，步行到坪山根据地，寻找东江纵队领导商讨共同建立情报站问题。

10月　高固带领手枪队16人和长枪队50人，化装成赶集群众，联合袭击国民党良井圩乡公所联防队，俘敌30多人，缴获短枪3

支、长枪26支、粮食2万多斤（分发给群众）及一批军用物资。

10月 镇隆常备队在镇隆圩成立，共有100人、七八十支枪，中队长温汉光，指导员杨钧，下辖3个小队。

12月2日 惠阳县坪山举行庆祝东江纵队成立一周年纪念大会。

12月5日 东纵政治部召开澳万乡各团体代表及吉隆、稔平半岛等地代表300多人参加的座谈会。6日，澳头继续召开庆祝东纵成立一周年纪念会，大会通过发出“响应改组国民党政府与统帅部”的通电。

12月 以东江纵队独立第四大队叶昌中队和惠阳大队一部为基础组建的东江纵队第五支队在惠阳县麻溪成立，支队长刘培，政委饶璜湘，参谋长叶昌，政治处主任张华基。

冬 东纵二支队粉碎了日伪在镇隆、龙岗、约场、同和等地的“清乡”“扫荡”，打退国民党顽军独立二十旅等部两个团对惠宝沿海地区及大鹏的进攻，控制了整个大鹏半岛。

## 1945年

1月初 日军分两路夺取惠阳、博罗，淡水第三次沦陷。

1月 日军占领淡水的第四天上午，出动近100人向秋溪乡黄竹沥村（该村在日军侵占淡水的第二天率先成立抗日民主村政权、自卫队、农会、妇女会）“扫荡”洗劫。黄竹沥村自卫队在叶振光带领下，在新庙仔的果园山坡埋伏，发起猛烈袭击。该村打退日军进村抢劫一事，使全乡各村群众大受鼓舞，纷纷成立自卫队。

1月14日 惠州第四次沦陷。日军此次侵占惠州，持续到日本投降。据不完全统计，从1月14日至年8月14日止，惠州被屠杀百姓500人以上。

1月　经广东省临委批准，撤销中共东江前线临时工作委员会，正式恢复中共东江前线特别委员会（简称“前东特委”），由黄宇、郑重、陈铭炎、刘汝琛组成，黄宇任书记。

年初　东江各地再次掀起抗日保家的群众武装运动，纷纷成立民兵大队，例如大亚湾人民抗日自卫队、淡平人民抗日同盟会独立大队等。

2月10日　驻惠阳县陈江、布仔、凤凰岗、畔沥等地的日军400余人，分两路向镇隆合围进犯，企图迫走东纵二支队主力退出镇隆。镇隆常备队队长温汉光率60余人，配合东纵二支队的主力中队——罗欧锋连队牵制数倍之敌，抢占牛轭寨、岗子坳、大路背一线公路，展开伏击，经6小时激战，日军溃退。

2月19日　东纵二支队直属独立中队打击驻惠阳陈江日军抢粮队50余人。上午9时敌进入镇隆圩包围圈，战斗持续至黄昏，敌负隅顽抗，龟缩待援，然后退走。

2月　惠阳县委从地方调出一批党员和进步青年，集中到约场集训半个月，分成若干队到各地搞民运工作。

3月29日至4月1日　广东省临委以东纵政治部名义，在惠阳县约场乡召开东江解放区路东国事座谈会。

3月　日军从惠州进犯淡水解放区。滩头村自卫队接到县委指示，即组织队员36人赶到沙潭角配合游击队包围日军。经一个多小时战斗，日军被我歼灭一部分，其余向白花逃窜。

3月　秋溪乡召开各界人士参加的会议，成立人民民主乡政府。选举吴锦辉为乡参议长，叶特香为乡长，叶仕儒为副乡长。

春　日军连续出动洗劫惠阳县广大农村，被抢夺耕牛27281头，生猪3万多头，米粮2288100多担，造成惠阳农村千家万户无烟火，千百乡村断绝粮。

春　路东新三区、新四区、新五区、新六区及所属各乡，惠东新一区、新二区、新三区、新四区、新五区及所属各乡建立了抗日民主政权。

4月15日　东纵二支队第一大队大队长曾端率领突击队30余人，在惠（州）樟（木头）公路古塘坳伏击日军运输车队，炸毁其军车3辆，双方激战相持不下。后驻惠州日军增援，突击队撤离战斗。此役毙伤敌10人，缴获一批武器弹药。我方第一大队正、副大队长曾端、赖章牺牲。

4月15日至18日　惠东区国事座谈会在永湖乡大坑村运群学校举行。到会代表包括区内农工商学各界及进步民主知名人士、东纵七支队领导、区镇乡代表共264人。

4月23日至27日　路东解放区首届参议会在尹林平主持下在惠阳县麻溪乡燕贻学校正式召开，正式宣布成立路东参议会和路东行政委员会。大会同时宣布成立路东人民抗日自卫总队，由叶锋兼任总队长，蔡子培任副总队长。

4月　为加强党委领导，统一党、政、军、民各种组织的行动，保证党的方针政策的正确贯彻执行，路西、路东地区党政军实行党的一元化领导，县委由部队的领导干部和地方党的领导干部共同组成。

6月18日　惠阳县农民代表大会在永湖乡大坑村召开，到会代表200人。会上成立惠阳县农民抗日救国总会（简称“惠阳县农抗总会”），民主选出高秀为会长、杨中之为副会长。

夏　驻陈江日军约20人到镇隆大路背村抢猪抢粮后返回陈江，途中经五马飞（大路背以北约距700米）地段时，遭到埋伏在河猪形（山名、在五马飞以东约300米处）的楼下抗日自卫队的伏击。日军丢下抢来的猪、粮，逃回陈江。

7月7日　东纵七支队配合当地民兵夜袭良井敌营，遭敌伪蹂躏近半个月的良井圩遂完全解放。

8月21日　东纵七支队四大队收复被日军占领的三门岛，歼敌10余名，缴获山炮1门、长短枪10多支，并解放平海、铁涌，俘伪军头目钟明岸及所部。

8月　路东农民代表大会在秋溪乡象山中学召开，宣布成立路东县农抗总会（路东总农会），选出叶特香、黄芳、李顺、温柏如等5人为委员，会长叶特香。

8月　路东县农民解放大队成立，大队长叶特香。

8月11日　中共中央发出《关于日本宣布投降后我党任务的决定》。

8月15日　日本天皇裕仁正式宣布投降。

8月中旬　东江纵队解放了惠阳县的中小城镇，建立革命政权，接收日伪武器装备。

8月中旬　东纵司令部由罗浮山迁至惠阳境内的大鹏半岛。

10月　国民党新一军1万多人进犯龙（岗）坪（山）地区。江南指挥部第一支队副支队长鲁风从路西过来，在龙岗马拦头召开路东各区区长、区委书记参加的紧急会议，介绍路西敌人“填空格”等战术。

10月21日　为了粉碎国民党军队的围剿，东纵三支队从惠阳镇隆出发，北上九连山。七支队由高健、黄高阳率领挺进惠（东）紫（金）边境东江河以东地区。

11月　广东区委决定：建立海陆惠紫五根据地，成立中共海（丰）陆（丰）惠（阳）紫（金）五（华）边地方委员会，张持平为书记。

## 1946年

2月1日　路东总农会代表40万农民致电军调部第八执行小

组，要求停止内战，实现广东的和平。

5月21日　军调部第八执行小组、广州行营代表与东纵代表经过50多天谈判，就东江纵队北撤的具体问题达成协议。

6月30日　东江纵队主力及广东各地方的部分武装人员、地方干部等共2583人，在沙鱼涌分乘美国3艘登陆艇离开大鹏湾北撤；7月5日安全到达山东烟台。

7月　国民党广东当局违背保证不能北撤的武装人员安全复员生产的诺言，疯狂迫害东纵的复员人员和军人家属，肆意逮捕、杀害。惠阳县7名东纵伤员伤愈后复员回乡途经淡水时被拦截逮捕杀害；永湖吊沥村复员人员李华刚从部队回乡即被捕枪杀；三栋、镇隆、坪地的农会干部被反动当局杀害多人。

9月　隐蔽在惠阳、宝安的武装人员和复员战士逐步转入公开活动，反击国民党反动派的“绥靖”和“清乡”。惠阳县东纵复员人员刘立经地方党组织同意后首先串联发动詹梧、刘盘等复员人员组成一支10多人的武装小分队开展活动，10月发展到40多人。他们首先镇压了坪山的土匪头子曾欢新，在大鹏坝岗处决了勾结国民党军队杀害复员人员的黎旺仔。

10月初　坪山武装小分队开进淡水、新圩一带活动，派出短枪组开展反霸斗争，破仓分粮，救济贫民。同时派出肖强、林发雄和方振光等人，伏击横行乡里的原国民党护国军大队的土匪头子石日华，当场俘获后交由地方党组织在桔樟浪处决。

11月底　广东区委书记尹林平在香港主持召开江南地区干部会议，动员东纵复员的干部战士归队。到1947年2月发动了70多人重新归队。

11月　“靖沿”部队（大亚湾联防大队）成立，应何联芳的要求派彭亚景任大队长，罗汝澄任政委（公开称副大队长），林文虎任副大队长。

## 1947年

2月初　中共江南地区特派员蓝造从香港回到惠阳县坪山，在坪山北岭沙坑围召开干部会议。根据广东区党委的指示部署，恢复江南地区的武装斗争，决定采用群众自卫、维持治安的名义，宣告成立惠（阳）东（莞）宝（安）人民护乡团，团长兼政委蓝造，参谋长叶维儒。

2月　复员在各地的东纵人员陆续归队，在香港、广州的进步青年也奔赴江南各地拿起武器参加反蒋斗争。

3月26日　江南"靖沿"事件发生。本月，国民党军队向江南部队发动第一次进攻，目标是扑灭中共的外围武装——大亚湾联防大队（代号"靖沿"）。因何联芳不听从劝告，麻痹大意，除罗汝澄、林文虎率1个中队（刘立中队）及时撤离外，其余2个中队遭围歼，20余人突围阵亡，何联芳等近50人被俘。

## 1948年

3月　根据中共中央香港分局的指示，活动于东江河南侧的惠东宝人民护乡团、惠紫人民自卫大队和海陆丰人民自卫队等武装统一整编，成立广东人民解放军江南支队（简称"江南支队"），司令员蓝造，政治委员王鲁明，参谋长曾建，政治部主任刘宣。

4月　中共惠阳县委重新成立，书记叶源，组织部长杨钧，宣传部长王舒，武装部长李群芳。

4月　中共惠（阳）紫（金）边县委员会成立，书记胡施，组织部长李华，宣传部长黄振，武装部长高固，妇委委员叶亮（女）。

5月中旬　中共中央香港分局副书记、粤赣湘边区党委书记尹林平从香港进入江南地区后，分别在坪山和新圩主持召开江南地区群运干部会议，纠正2月开始在几个乡进行的分耕、借粮工作出现的偏差。会上，听取了坪山定南、新圩等乡分耕、借粮工作情况汇报，研究如何纠正偏差。

5月　开明人士陈演参加竞选惠阳县淡水镇长当选。6月正式就任，从而夺取了淡水镇的领导权。

5月　中共惠阳县委组织部长杨钧在长兴乡白石洞召集地方党区委及武工队、救荒队负责人会议，总结调整耕地、退租退息和借粮度荒的经验教训，布置组建乡村农会和发展会员的工作。会后，各村农会相继成立。

9月下旬　敌"进剿"坪山的兵力撤回深圳、惠州、淡水、平山、东莞等地，敌人所谓第二期"重点进攻"宣告失败，江南支队取得反击宋子文第二期"清剿"的重大胜利。

冬　新圩党组织协助江南地委容克等人，在新圩长埔大围钟屋举办一期青年干部学习班，约60余人参加。

12月28日　东江第一支队第二、三团联合作战，由李群芳指挥袭击龙岗，全歼国民党自卫队，俘国民党军队连长以下50余人，缴获长短枪50多支；接着于29日包围镇隆，歼井龙来援之国民党保安第八团2个排40余人，缴获步枪40多支。

12月31日凌晨2时　东江第一支队第二、三、八团8个连队共1300多人从新圩出发强攻淡水。

同日　国民党淡水自卫队队长陈发率自卫队100多人，携机枪6挺、手提机枪1支、手枪10余支、步枪100余支、子弹10000多发起义，投奔东江第一支队第二团。随后起义部队改编为中国人民解放军粤赣湘边纵队东江第一支队第二团第一大队，陈振强任大队长，陈演、陈发任副大队长。

## 1949年

1月1日　经中共中央批准和香港分局同意，中国人民解放军粤赣湘边纵队在惠阳县安墩黄沙村正式成立，总兵力15254人，司令员兼政委尹林平，黄松坚为副司令员，梁威林为副政委，严尚民为参谋长，左洪涛为政治部主任。

1月17日　粤赣湘边纵队下令将江南、江北、九连、翁江、五岭及珠江三角洲等地区所属部队统一改编。江南支队改编为粤赣湘边纵队东江第一支队，蓝造为司令员，王鲁明为政委，祁烽为副政委，曾建为参谋长，刘宣为政治部主任。

1月　中共惠（阳）紫（金）五（华）边县委员会成立，以罗汝澄为书记，叶茵任组织部长，王泳任宣传部长。同时，惠（阳）紫（金）五（华）边县人民政府宣告成立，由王泳兼任县长。

2月　惠阳县青年妇女委员会成立，负责统管全县青年团、妇女工作。

5月　路东县人民政府（惠阳县人民政府的前身）在惠阳坪山竹园村成立，县长王舒，副县长李少霖。下辖大鹏、坪山、龙岗、潼湖、秋长等5个区。

7月　惠阳县妇委会成立，书记梁丹（女），委员叶聪慧（女）、刘宝英（女）。

8月　路东县迎军支前委员会成立，主任王舒。

8月　惠阳县武装大队成立，大队长陈城，教导员蓝介。

秋　惠阳县河东区人民政府派副区长薛水平带一批人到马安解散反动的马安自卫队。

10月　东江第一支队主力开始解放惠阳地区的作战。10日，东一支独立第二营解放多祝。13日，东一支主力独立第三营在支队司令员蓝造率领下，于当天上午解放惠阳县淡水镇。

10月　惠阳县农民协会成立，主席由王舒兼任，副主席朱观喜、叶润明。

10月17日　惠阳县军事管制委员会成立，接管治理惠州的工作。随后，南路军联合指挥部命令粤赣湘边纵队独立二团进驻惠州，组成由曾建任司令员的惠州警备司令部，担负惠州的警备任务。

10月底　粤赣湘边区东江行政委员会派干部组织建立了中共惠阳县委，王舒任书记。

12月15日　惠阳、惠东两县合并为惠阳县，县委、县政府所在地设在淡水。成立新的惠阳县委，由张华基、王舒分别任正、副书记。

12月　中国新民主主义青年团惠阳县委员会成立，钟义任书记。1957年6月30日，改名为中国共产主义青年团惠阳县委员会。

12月　惠阳县民主妇女联合会第一次代表大会在淡水召开，正式成立惠阳县民主妇女联合会，由叶聪慧任主任。1958年1月，县民主妇女联合会改称县妇女联合会。

12月27日　为了把革命战争进行到底，充实战争力量，巩固革命秩序以达到建设新民主主义社会的目的，中共惠阳县委、县政府发出了关于筹征公粮的指示：要求各级党委立即召开党支部会议，在两个月内完成东江地委给我县32万担公粮任务。之后，全县人民在县委、县政府及各级党委支部的领导下，开展了轰轰烈烈的征粮运动，于1950年2月底，共筹征公粮3200多万斤，圆满完成了东江地委下达的征粮任务。

# 后记

《惠州市惠阳区革命老区发展史》在中共惠阳区委和惠阳区人民政府的直接关心支持下终于问世了。

编写《全国革命老区县发展史》是全国老促会倡议发起的一项工作，在广东省老促会、惠州市老促会的指导帮助下，惠阳区老促会于2018年3月开始进入编纂筹备工作及资料的征集，同时成立编写小组。9月纂写出初稿，经过反复修改补充、完善，先后送惠州市老促会组织的专家审评小组、《惠州市惠阳区革命老区发展史》审定委员会审评，四易其稿，形成终稿。

该书按广东省老促会安排，把大亚湾区纳入本书编写范围；同时，由于惠阳历史沿革的多次演变和行政区域几经调整重组，故有些历史涉及原区域，如与其他区雷同，纯属历史事件交代所需，敬请谅解！

该书在编纂过程中，得到惠阳区委区政府办、区委组织部、区委党史办、区农业农村水利局（老建办）、区老促会和大亚湾区两委办及两区有关单位和社会各界的大力支持和帮助，在此一并表示衷心感谢！

该书涉及年代较长，涉及面较广，区域历史沿革变动大、史料浩繁，加之编纂时间仓促，编者水平有限，难免存在不足之处，恳请各级领导和广大读者批评指正。

编　　者

2019年12月